사회변동과 사회복지정책

사회변동과 사회복지정책

서용석 · 은민수 · 이동우 지음

고려대학교출판부
KOREA UNIVERSITY PRESS

서문

한국과 서구의 복지국가들은 커다란 사회변동의 흐름에 놓여 있다. 사회변동은 작게는 의식의 변화나 가족구조의 변화에서부터, 노동시장의 변화, 기술의 변화, 기업의 변화, 국가의 변화, 인구변화 그리고 나아가 전 세계적인 차원에서의 시장 변화에 이르기까지, 변화의 물결은 다양하고 광범위하다. 이러한 변화들로 인해 과거의 안정적 사회제도들의 배열은 이제 그 모습이 달라지고 있다. 생산성 향상에 기여했던 포디즘이라 불리는 대량생산 방식, 주부양자의 안정된 소득에 따른 두터운 중산층의 형성과 가족관계의 긴밀한 결속, 자본주의 시장의 변덕스러움을 예측 가능한 사회적 위험으로 변환시켜 기존의 복지제도들을 창출하였던 복지국가의 모습은 과거의 유물이 되어 가고 있는 중이다. 더욱이 한국처럼 빠르게 성장하고 있는 나라에서는 거시적인 사회변동이 한 사람의 일생주기 내에 나타나고 있을 정도이다. 농업사회에서 소년기를 보내고, 청년기에 산업사회, 장년기에는 정보화사회 혹은 지식 기반 사회를 맞이할 정도로 시대는 급속히 변화하고 있다.

사회복지정책 또한 거대한 사회변동에 따라 변화하고 있는 중이다.

가족이나 노동시장의 변화에 따른 새로운 사회적 위험들에 대처해야 하고, 갈수록 힘을 더해 가는 세계시장의 변덕스러움과 서비스 경제로 이행되어 가는 탈산업사회의 생산성 저하 환경 속에서 근로자들의 가정을 지켜야 하며, 노령화되어 가는 인구와 불안정한 가족구조로부터 노인과 아이들이 빈곤에 희생되지 않게 하고, 장애우나 여성들의 고양된 시민권적 의식을 위한 정책적 배려를 마련해야 한다. 변화의 시대에 있어 정책적 어려움은, 국가의 개입 능력이 점차 약화되고 있는 것이 현실임에도 불구하고 국가 개입을 증대시킬 수밖에 없는 요인들이 증가하는 딜레마에 놓여 있다.

이 책을 통해 사회변동과 사회복지정책의 최근 이슈들을 다루어 보았다. 특히 서구 복지국가들이 겪고 있는 주요한 사회변동을 검토하고 그에 따른 사회복지정책의 방향들을 살펴보고자 하였다. 어느덧 한국도 OECD에 가입한 지 적지 않은 세월이 흘렀기 때문에 서구의 주요한 정책 방향들을 살펴봄으로써 한국사회의 미래 정책 방향을 가늠하고자 하였다.

책은 두 부분으로 구성된다. 첫 번째 부분에서는 주요한 사회변동 현상들을 검토하였으며, 두 번째 부분에서는 서구 복지국가들의 사회복지정책 방향들에 대해 살펴보았다. 그러면서 그것들이 한국사회에 제시하는 함의도 다루었다.

주요한 사회변동과 관련해서는 세계화, 탈산업화, 인구변화, 가족구조의 변화, 가치관의 변화를 논의하였다. 세계화에 대한 정의는 다양하지만, 가렛Garret(2003)의 설명에 따라 금융시장의 통합, 생산의 다국적화, 무역경쟁의 압력에 초점을 맞추어 기술하였다. 그리고 세계화에 의한 영향으로 계급타협의 붕괴와 자본의 강화 및 노동의 약화라는 측면을 부각시켰다.

탈산업화는 산업사회의 제조업 중심으로부터 서비스 경제로의 전환에 따른 생산성 하락과 노동시장 변화의 측면에서 살펴보았다. 제조업 부문의 고용 정체 내지는 쇠퇴와 서비스 직종의 확대가 미치는 영향으로서는 남성의 실질임금 하락, 여성의 노동시장 참여, 비정규직의 양산 등과 같은 문제들이 확대됨에 따라 서구의 복지국가들이 세 가지 선택지에 직면한다는 아이버슨Iversen과 렌Wren(1998)의 '트릴레마Trilemma'를 중심으로 설명하였다. 다음으로 인구고령화는 이미 잘 알려진 변화의 한 축이다. 이와 관련해서는 그것의 부정적 측면으로서 사회의 부양부담 증가와 생산인구의 감소에 대해 언급하였고, 긍정적 측면으로서 은퇴시기의 연장이나 활동적 고령화를 통한 사회의 기여 부분을 살펴보았다.

가족구조의 변화는 성역할의 붕괴, 새로운 형태의 가족구조 등장 및 이혼률의 증가에 초점을 맞추었다. 이에 따른 변화로써 노인가구의 빈곤이나 여성의 빈곤화라는 측면을 검토하였다. 마지막으로 가치관의 변화는 새로운 집단들의 요구가 분출되고 새로운 형태의 갈등과 저항의 영역이 확대되고 있는 경향을 살펴보았다. 사람들의 의식이 변화함에 따라 국가 또는 사회에 군림했던 권위주의적 가치들이 약화되어 가면서 국가와 시민 간 관계의 재정립을 바탕으로 한 새로운 형태의 사회권 및 시민권이 대두되고 있음을 기술하였다.

두 번째 부분에서는 앞서 검토한 사회변동에 따라 새롭게 제기되고 있는 사회복지정책의 주요한 이슈들을 정리하였다. 첫 번째 이슈는 노동시장 양극화 현상으로부터 나타나는 근로빈곤계층과 관련된다. 그들은 누구이며 어떤 집단적 특성들을 가지고 있는지, 정책적 개입의 방향은 어떠한지에 대해 살펴볼 것이다.

두 번째 이슈에서는 장애우의 주류화 정책 흐름에 대해 설명한다. 과거의 의료적 모델에서 사회적 모델로 장애 개념이 어떻게 변화하였는지, 그리고 장애주류화 정책의 내용과 그 정책도구들에 대해 검토할 것이다. 세 번째 이슈는 고령화사회로의 진입과 더불어 야기되는 은퇴소득체계를 구성하는 문제이다. 은퇴소득체계를 구성하기 위해 각 국가들은 어떤 요인들을 고려하고 있는지, 연금체계는 어떻게 변화해 가고 있는지에 대한 논의들을 검토할 것이다.

네 번째 이슈는 여성의 일 · 가족 양립정책에 대한 것이다. 서구 복지국가들마다 여성의 노동시장 참여율이 증가함에 따른 여성의 일 · 가족 양립정책은 점차 그 비중이 증대되고 있다. 과거 남성주부양자 모델이 점차 쇠퇴함에 따라 다양한 일 · 가족 양립정책의 방향이 설정되었으며, 그에 따라 정책도구들 또한 다양한 모습으로 나타나고 있다. 일 · 가족 양립을 위한 국가별 정책 방향의 여러 모습들을 살펴볼 것이다.

다섯 번째 이슈에서는 제3부문의 발전과 정책 방향에 대해 검토한다. 정부와 시장 이외의 제3부문은 그 역할이 점차 중요시되고 있다. 제3부문의 고용 창출 능력이나 건전한 시민사회 활성화 또는 시장을 견제할 수 있는 제도적 장치로서 새롭게 인식되고 있다. 여기에서 우리는 제3부문이 어떻게 발전해 왔고 어떤 이론적 접근들이 있는지 그리고 국가의 정책 방향의 모습들은 어떠한지에 대해 살펴볼 것이다.

마지막 여섯 번째 이슈에서는 시민권의 변화하는 모습에 대해 검토한다. 젠더와 관련하여, 다문화주의와 관련하여, 그리고 경제적 시민권과 관련하여 기존의 시민권적 개념이 어떻게 변화해 가고 있는지를 검토할 것이다.

이 책은 욕심이 앞선 책이다. 커다란 사회변동이나 많은 사회복지정책 이슈들을 이 자그마한 책에 담아 보고자 감히 시도하였다. 그러다 보니 충분한 설명이 이루어지지 않고 간단히 언급함으로써 '대충 대충'의 오류를 범하지 않을까 걱정이 된다. 하지만 우리 시대를 변화시키고 있는 흐름들과 그에 대한 국가의 정책 대응에 관한 전체적 윤곽 제시에는 나름대로 장점이 있으리라는 기대이다. 앞으로 계속적인 연구를 통해 좀더 깊이 있고 충분한 설명이 이루어진 책들을 발간함으로써 이 책을 보완하고자 한다.

차례

I. 사회변동과 새로운 사회적 위험들

제1장 세계화

1. 세계화의 정의

세계는 자본, 생산, 경영, 시장, 노동, 정보, 기술이 국경을 초월하여 조직되고 있는 지구촌 경제시대를 맞이하였다. 국민국가가 여전히 경제의 주요 행위자로 남아 있는 것은 분명하지만, 기업가, 노동자, 농민 등 다양한 경제 행위자들이 일국 경제를 뛰어넘어 전 세계적으로 경쟁하면서 자본시장, 생산시장, 노동시장에서의 국경 개념이 사라지고 있다.

세계화를 넓게 정의하자면, 무역, 투자, 재정, 이민, 문화 등의 부문에서 세계적 수준의 상호의존도가 빠르고 집중적으로 진행되며 성장해 가는 과정이라고 할 수 있다. 그러나 좁은 의미의 세계화는 경제를 점차 상호의존적으로 만드는 일련의 경제적, 금융적 발전을 의미한다. 국제무역 증가, 자본의 이동, 초국가적 상업과 투자 그리고 노동의 유

입 같은 역사적 과정 자체가 세계화라고 보는 것이다(Haque, 2004:1).[1]

사실 많은 학자들이 오늘날 세계화 과정이 가장 급속히 진행된 곳으로 국제금융시장을 지적하고 있다. 슈미트Schmidt에 따르면 세계화의 과정은 금융 및 자본시장에서 가장 많이 진전되어 있고, 다음으로 무역 및 직접투자가 그 뒤를 이으며, 노동시장에서의 세계화가 가장 더디게 진행되고 있다고 한다(Schmidt, 1996: 37).

1970년대 중반 이래 금융시장의 세계화는 선진 자본주의 국가들에서 성공적으로 작동했던 케인즈주의적 경제 · 화폐 · 금융정책을 무력화시켰다. 1980년대에는 소위 채무 위기를 통해 제3세계 대부분의 국가들을 경제적 정체 속에 몰아넣었다. 1990년대 중반부터는 국제금융시장 매출액이 전 세계를 통틀어 이루어지는 하루 평균 무역액 100억 달러의 100배가 넘는 규모로 성장하였다. 이는 국제금융시장의 금융거래가 실제 무역과 거의 관련 없이 성립되며 화폐 잉여가 실물경제의 축적으로부터 점차 자립화하고 있다는 사실을 보여 준다. 호프만은 이러한 점에 주목하여 "오늘날 진행되고 있는 세계화 과정에서 진정으로 '새로운 것'은 화폐 · 금융자본의 국제화, 곧 화폐의 화폐로서의 해방, 그리고 일종의 '카지노' 자본주의로의 이행"이라고 지적한 바 있다.

1 세계화는 신자유주의, 시장근본주의, 와싱턴 컨센서스로 표현되기도 한다. 이러한 용어들이 제각기 다른 뉘앙스를 갖고 있을지 모르지만 실제에 있어서는 혼용하여 사용되곤 한다. 그 용어들은 자유시장, 탈규제, 민영화, 그리고 국가 역할의 최소화를 강조하는 일련의 사상을 나타내는 용어들이다.

2. 세계화의 내용

세계화는 세 가지 기본 메커니즘을 통해 국가들의 국내 정책의 자율성에 영향을 주게 되는데, 그것은 바로 금융시장의 통합, 생산의 다국적화, 무역경쟁의 압력이다(Garret, 2003:385).

첫째, 금융시장의 통합이다. 많은 연구자들(Harvey, 1990; Block, 1996; Castells, 1996: 435-6)은 각 국가의 중앙은행이 통제할 수 없을 정도의 엄청난 양의 통화가 매일 거래되고 있음에 주목한다. 투기 자본들이 해당 국가의 통화시장에 지나치게 몰려들면 인플레이션이나 이자율에 영향을 주게 되어 시장을 교란시킬 수 있다. 또한 세계 금융시장은 각국 정부로 하여금 저인플레이션, 낮은 경제성장, 재정지출 억제를 가져오는 통화 금융정책을 결정하도록 만든다.

둘째, 무역경쟁의 압력이다. 무역경쟁의 압력이 심화됨에 따라 기업들은 국내 경제뿐 아니라 세계 경제에 대항하며 경쟁을 할 수밖에 없나. 정부는 기업의 시장 적응 능력을 촉신시키고 유연성을 증대시키기 위하여 임금, 고용, 기업구조 정책 등의 결정을 함에 있어 기업의 이익을 고려하게 된다. 또한 재정 적자 축소와 정책 효율성을 높이기 위하여 긴축정책을 실시한다. 그 결과 많은 사람들의 생활이 급격히 불안정하게 된다.

셋째, 생산의 다국적화이다. 기업들은 값싸고 안정적으로 생산할 수 있는 곳이면 어느 곳으로든 그들의 생산활동 공간을 옮기려 한다. 특히 제1세계의 일자리가 제3세계 국가에 이전될 가능성이 높아졌다. 왜냐하면 제3세계에서는 공장이 잘 조정 · 통제될 뿐 아니라 이전 비용을 상쇄하고도 남을 만큼 임금이 낮기 때문이다(Shaiken, 1990). 실제로 미국과 일본 그리고 나아가 유럽의 기업들이 아시아의 값싸고 질 좋은 노동력을 찾아 공장을 이전시켰다. 이 또한 기업을 국내에 붙잡아 두려는 정부의 정책 역량을 위축시키게 된다.

3. 세계화와 그 영향

3-1. 국가 자율성의 약화와 시장 자율성의 강화

'세계화'라는 전함을 앞에서 이끄는 것은 신자유주의이다. 신자유주의 견해에서는 세계화가 경제적 비효율성과 정치적 억압의 근원이었던 국가주의를 종식시키고 시민사회를 '해방시킬' 것이라고 주장한다. 세계화는 보호지대와 기득권의 온상이 되어 온 국경의 장벽을 해체함으로써 국경의 보호하에 독점적 기득권을 누려 온 집단의 영향력을 약화시키고 개인의 자유로운 선택권을 증대시킬 것이라는 주장이다. 그러나 세계화 물결은 개인의 선택권을 확대시키는 긍정적인 결과와 더불어 사회적 불평등을 심화시키는 부정적인 결과를 초래하고 있다.

본래 국민국가는 주어진 영토에 기반을 두고 오랫동안 시민들의 자유와 복지를 보장하였다. 국민국가는 국가를 구성하고 있는 사람들의 경제적 복지, 신체적 안전, 문화적 정체성의 보장을 통하여 국가의 보편성과 정통성을 획득하고 유지해 왔던 것이다. 그러나 이러한 역할은 주어진 영토 내에서 인적, 물적 자원을 통제할 수 있는 강제적 수단을 독점하고 있을 때에만 가능한 것이었다(임혁백, 1994).

그러나 세계화 시대에는 다국적 기업, 주식중개인, 국제통화, 증권거래인과 같은 글로벌한 행위자의 등장으로 생산과 투자 결정이 국가와 국민의 통제 밖에서 이루어지는 경우가 적지 않다. 이러한 세계화 과정에서 초래되는 심각한 문제는 글로벌 행위자들이 결코 국가와 국민에 대해 책임은 지지 않으면서 국민의 경제적 복지에 영향을 주는 생산과 투자에 관한 결정을 한다는 점이다(Axtmann, 1997: 131). 또한 세계화 시대의 경쟁은 국가 단위로 승자와 패자가 결정되는 것이 아니라 지역, 부문, 산업, 기업 단위로 승자와 패자가 결정되기 때문에 세계화의 물결은 지역 간, 부문 간, 사회집단 간의 불평등을 더욱 강화시키는 결과를 초래한다.

안타까운 것은 이러한 불평등을 해소할 수 있어야 할 국가의 능력이 바로 그 세계화의 제약에 의해 더욱 축소될 수밖에 없다는 현실이다. 결국 세계화는 국가 주권을 약화시켰고 시장의 힘을 강화시켰지만 그에 비례해서 사회적 불평등을 심화시키는 결과를 초래했다.

3-2. 자본의 강화와 노동의 약화

전후 유럽의 민주국가들은 복지국가로의 전환을 통해서 자본주의의 경제적 불평등과 민주주의의 정치적 평등 사이의 타협점을 찾았다. 복지국가는 사회보장, 실업보험, 상해보험, 가족수당, 노령보험, 무상교육 등의 복지를 사회적 임금의 형태로 노동자들에게 제공함으로써 노동자들의 시장의존도를 감소시켰고, 그 결과 자본주의 시장으로부터 노동자들을 보호하면서 노동자들의 자본주의에 대한 저항을 약화시켰다. 시장의 횡포를 묵인하는 시장민주주의와는 달리 복지민주주의는 국가의 적극적인 개입을 통해 계급갈등을 체제내화하게 된다. 그 결과 노동자들은 민주주의(투표권)를 자본주의를 폐지하기 위한 수단으로 이용하지 않고, 자본가들은 그들의 경제적 지배를 유지하기 위해서 권위주의를 불러들이지 않겠다는 상호간의 타협이 가능케 된 것이다 (Przeworski, 1991).[2]

그러나 세계화의 물결은 이러한 사회민주주의적인 계급타협의 기초를 붕괴시키고 있다. 신보수주의적 세계화의 이데올로기가 전 세계적으로 확산됨에 따라 기존의 사회민주주의를 채택해 왔던 유럽 대륙의 복지국가도 해체의 위기에 직면하고 있다. 이제 상품, 서비스, 노동 모두가 국제경쟁에 노출됨으로써 국경 내에서 국가가 탈상품화 정책을 통해 시장의 횡포로부터 노동자들에게 피난처를 제공해 준다는 사회민주주의적 대안이 갈수록 유효하지 않게 된 것이다. 사실 사회민주주의적 계급타협은 조합주의적corporatist인 중앙집중식 노사협상 제도에 기초하고 있었다. 그러나 중앙집중식 노사협상 제도는 노동시장의 국경이 전제되어야 가능한 것이었다. 국경의 경계 내에 갇힌 노동자들을 중앙집권화된 노조가 독점적으로 대표하여 자본가와 대등한 위치에서 노동자들의 이익 실현을 위한 협상을 전개할 수 있었던 것이다. 그러나 세계화로 일국의 노동시장이 무너진 시점에서 중앙집권적 노조가 자본가(또는 자본가 단체)와 대등한 위치를 유지하기는 점점 더 어려워지고

---

2 복지민주주의하에서 계급타협은 전략적으로 이해된다. 복지민주주의 하에서 노동의 탈상품화가 진전됨으로써 자본주의 내에서도 사회주의 하에서 가능한 복지를 얻을 수 있게 되었을 때 노동자들은 굳이 고통을 수반하는 전환의 비용을 감수하면서 사회주의혁명을 선택하지 않았으며, 복지국가의 유지에 드는 비용이 권위주의를 불러들여서 노동자들을 억압하는데 드는 비용보다 싸게 먹힌다는 계산이 나왔을 때 자본가들은 복지민주주의로의 양보를 선택한 것이다(임혁백, 1994).

있다. 노동을 포함한 모든 상품이 국제적으로 교역되면서 노조는 독점적 노동 공급자의 힘을 빌려서 임금을 결정할 수 있는 능력을 상실할 수밖에 없게 되었기 때문이다. 또한 각 국가들은 기업조직의 유연성과 자본자율성을 증대시키기 위하여 중앙집중적인 단체교섭 구조를 산업과 기업 단위로 분산시킴으로써 노동조합의 교섭력을 약화시키는 조치들을 단행하였다(송호근, 2001:33). 결국 세계화로 인하여 자본가들이 노동력을 어디서나 쉽게 구할 수 있고, 자본을 언제 어느 곳으로나 이동시킬 수 있는 상황에서 임금노동자에 대한 자본가들의 협상 능력은 강화될 수밖에 없는 것이었다.

3-3. 성장 강화와 분배 약화

세계화로 인한 국가들 간 소득 격차의 증가는 국가들 내 소득 불평등의 증가를 수반한다. TDR(Trade and Development Report) 1997에 따르면 국민 중 소득이 가장 부유한 20%의 소득이 1980년대 초 이래 모든 국가에서 증가하였고, 이는 전후 패턴이 역전되었음을 보여 준다. 개발도상국들 절반 이상에서 상위 20% 인구가 국내 소득의 50% 이상을 차지한 반면, 하위 사람들 생활수준은 별다른 변화를 보이지 않았다. 결국 가난한 자는 더욱 가난해진 것이다(Haque, 2004:5).

소득 불평등의 심화는 기업의 이윤 증가와 임금생활자의 임금 하락을 동반한다. 임금부문은 1980년대 유럽에서 처음 감소하기 시작하여 북미보다 더 낮은 수준으로 현저히 떨어졌다. 실질임금은 많은 개발도상국가에서 더욱 떨어졌다. 산업국가뿐 아니라 개발도상국에서도 숙련 노동자와 미숙련 노동자 간 소득 격차가 일반적으로 확대되는 현상이 발생했으며, 이는 최근 학계 논의와 연구 조사의 주제가 되어 왔다(Haque, 2004:6). 세계화가 진행되면서 임금생활자들은 실업, 소득 불안정, 기업 합병과 도산에 따른 직업 불안정, 소득 불평등 등에 시달려야만 했다. 1980년대 중반 이후 치솟기 시작한 유럽의 실업률은 평균 8%에 달하였으며 완전고용을 자랑하던 스웨덴마저 1993-1994년 사이 12%의 높은 실업률을 기록하였다(송호근, 2001:31). 이러한 경향은 신자유주의 정책이 노동은 약화시키고 자본은 강화시킨 결과이다.

지난 2차 세계대전 이후 30여 년 동안 케인지안 컨센서스는 산업화된 국가들에서 특별한 도전없이 유지되었다. 모든 주요 정당들이 주요 목표로서 완전고용을 채택하였고 그것을 이루기 위한 직접적인 재정 및 통화정책을 수용하였던 것이다. 1950-70년대는 완만한 인플레이션으로 상대적으로 낮은 실업률과 높은 경제성장을 유지한 기간으로서 "복지 황금기Golden Age"로 불렸다.

그러나 자본과 노동의 자유로운 유통과 모든 행위자 간 자유경쟁을 촉진하는 세계화는 결과적으로 임금노동자에 대한 복지제도의 축소와 해체를 초래하고 있다. 세계화는 인구고령화와 맞물려 실업자 증가, 저소득층의 소득 저하, 빈곤층의 증가 등을 야기함으로써 사회복지 수요를 증가시켰으며, 이를 해결하기 위해서는 국가가 재정 지출을 확대해야만 한다. 그러나 불행히도 정부는 기업의 경쟁력을 고려하여 기업(자본)에 대한 조세를 오히려 낮춰야 할 형국이다. 그리하여 국가들은 임금노동자를 보호하던 다양한 복지제도를 경쟁적으로 축소하고 조정하고 있다. 복지 축소의 패턴은 국가에 따라 모수적 내지 프로그램적 변화에 초점을 맞추는 경우도 있지만 아예 시스템적인 변화를 추구하는 경우에 이르기까지 다양하다. 그러나 대체로 공통적인 점은 공적 부조 등을 줄이고 한정된 복지 예산을 노동과 연계시킴으로써 복지 수혜자들을 최대한 노동시장으로 끌어들이려 한다는 점이다.

제2장 탈산업화

1. 서비스 경제로의 전환

자본주의 경제발전은 필연적으로 산업의 구조 변화를 동반한다. 경제 발전의 첫 단계에서는 1차 산업인 농·어업이 GDP 및 고용의 대부분을 차지하였다. 그 이후에는 농·어업의 비중이 감소하고 제조업의 비중이 점차로 증대되는 산업화 과정을 거쳐 왔다. 최근에는 대부분의 OECD 회원국에서 산업화 이후 경제성장이 진점됨에 따라 제조업 비중이 다시금 감소되고 서비스업 비중이 증대되는 탈산업화의 과정을 경험하고 있다(Pilat, Dirk 외, 2006:5).

다니엘 벨(Daniel Bell, 1973)에 의하면, 탈산업화된 사회는 서비스업 비중이 노동인구와 GNP의 절반 이상을 차지하고 경제의 기조가 재화로부터 지식이나 서비스로 이행해 가는 사회이다. 이는 재화를 생산하던 제조업 중심의 산업사회에서 다양한 서비스의 창출이 중심이 되는 서비스사회로의 변화를 의미한다. 산업사회에서 서비스업은 은행업, 운

수업과 같이 주로 재화의 생산을 보조하는 것이었다. 그러나 탈산업화된 사회에서는 다양한 서비스 직종이 형성되어 새로운 고용을 창출할 수 있는 방향으로 전개되고 있다.

탈산업화의 주요한 변화의 하나는 제조업의 쇠퇴이다. 이에 탈산업화는 제조업 부문에서의 고용 및 부가가치의 비중이 지속적으로 감소하는 현상으로 정의된다. 실제로, OECD 회원국들은 전체 고용에서 제조업이 차지하는 비율이 1970년대 이래 지속적으로 하락하여 2003년 22% 미만으로 나타났다. 또한 1990년에서 2003년 사이 제조업 부문의 고용 또한 아일랜드, 멕시코와 같은 일부 국가를 제외하고는 대부분이 마이너스 증가율을 보이고 있다(OECD, STAN Indicators database, 2005).

탈산업화의 주요한 변화의 다른 하나는 서비스업의 증가이다. 1998년 OECD 회원국은 전체 산업 중에서 서비스 산업이 차지하는 고용 규모와 부가가치의 비중이 평균적으로 63.5%와 64.2%로 나타났다(OECD, 2000). 한국사회의 경우에도 고용 및 부가가치 비중이 1998년 59.7%, 50.2%에서 지속적으로 증가하여 2004년에는 70%와 60%를 넘어서는 것으로 분석되고 있다(한국노동연구원, 2005).

이상과 같이 탈산업화의 주요한 변화는 산업사회의 제조업 중심으로부터 서비스 경제로의 전환이라고 할 수 있다. 서비스 경제로의 이행과 관련해서는 국가경제에서 산업별 고용 및 부가가치의 비중이 주요한 근거로서 제시된다. 이에 따라 국가경제에서 서비스 산업이 차지하는 비중이 절반 이상인 사회를 흔히 '서비스 경제' 혹은 '서비스 사회'라고 일컫는다.

최근에는 여성의 경제활동참여 증가, 소비자 욕구의 다양화, 정보

통신기술의 발전 등으로 인해 많은 형태의 새로운 서비스 직종이 형성되고 있다. 또한 금융, 보험, 정보, 통신, 운송 등 다양한 서비스 분야가 빠르게 성장하고 있다. 일반적으로 서비스업은 경제활동의 주된 결과가 물질적 상품의 형태로 존재하지 않는 직종을 지칭한다. 즉, 서비스업은 재화를 생산하는 제조업과는 달리, 무형의 용역을 산출하는 산업이다. 이러한 서비스업의 범위는 매우 넓으며 또한 다양하다. 예를 들어, 서비스업에는 도·소매업, 음식업, 숙박업에서부터 유통업, 금융업, 컨설팅업, 의료업 등 부가가치가 높은 부문들까지 포함된다.

2. 서비스 경제의 특징

서비스 직종이 확대되는 서비스 경제는 이전의 산업경제와는 어떤 차이가 있는가. 거시경제의 맥락에서 살펴보면, 이전의 산업경제에서는 생산성의 증가에 따른 고용확대와 임금인상이 가능하였다. 여기에서 생산성의 증가는 표준화된 대량생산으로 시간당 상품의 생산량이 증가함을 의미하는 것이다. 일례로, 하루에 자동차 한 대를 생산하던 것이 표준화된 체계와 공정을 통하여 하루에 자동차 열 대를 생산할 수 있게끔 생산량이 증가한 것이다. 이러한 생산량 증가는 자동차의 대량공급에 따른 가격하락으로 보다 많은 사람들이 자동차를 구매할 수 있도록 하여 자동차의 수요를 증가시키게 된다. 그리고 이와 같은 수요증가는 자동차 판매량의 증가를 의미하는 것이기 때문에 자동차 제조공장은 보다 많은 노동자를 고용하고 그들의 임금을 인상하게 되는 것이다.

이처럼 제조업 부문에서 생산성의 증가에 따른 고용확대와 임금인상이 가능한 구조를 '경제의 선순환 구조'라고 일컫는다.

그러나 산업경제에서 서비스 경제로 전환됨에 따라 과거 경제의 선순환 구조는 더 이상 가능하지 않게끔 변화된다. 이는 1960년대 초반 이래로 시장에서 상품의 과잉공급에 따른 것이다. 시장이 포화되어 있는 경우, 상품의 가격이 하락하더라도 이것이 상품의 수요 증가를 동반하지는 않는다. 이러한 조건하에서 생산성의 증가는 더 이상 고용증가와 임금인상으로 이어질 수가 없게 된 것이다. 예를 들어, 자동차의 공급이 시장에서 포화된 상태에서 자동차 생산량의 증가가 수요의 증가로 연계되지 않기 때문에 자동차 제조공장에서는 더 이상 노동자를 고용할 수가 없게 된 것이다. 그러므로 서비스 경제에서는 생산성의 증가가 노동자를 고용하고 그들의 임금을 인상할 만큼의 충분한 수요의 증가로 귀결되지 않는다는 것이다.

산업화된 경제체제를 가진 국가가 선진 산업구조로 이행하는 과정에서 제조업은 경제발전의 원동력이었지만 점차 그 비중이 감소하는 추세를 보인다. 이와 반대로 서비스 산업은 그 영향력이 넓어지고 있으며, 특히 고용구조에서의 비중이 급속도로 증대되고 있다. 이러한 제조업 부문에서의 쇠퇴는 서비스 부문에서의 수요 변화를 동반한다. 이는 서비스 부문이 이전의 제조업 부문에서 가능하였던 고용확대를 떠맡게 되는 것이다. 따라서 제조업 부문의 고용은 쇠퇴하거나 지체되고 서비스 부문의 고용은 빠르게 확대되고 있다.

그러나 서비스 부문에서의 생산은 본질적으로 생산성의 증가와 양립하지 않는다는 것이 경제학자들 간의 광범위한 합의이다. 예를 들어,

교사가 보다 많은 학생들을 가르칠 수 있고, 간호사는 보다 많은 환자들을 돌볼 수가 있으며, 식당 종업원은 보다 많은 고객들을 위해 일할 수 있다. 하지만 이는 서비스의 질적 하락을 동반하기 마련이고, 서비스의 질적 하락은 교사, 간호사, 식당 종업원 등의 서비스를 높은 임금으로 구입하지 않는 경향으로 나타난다. 즉, 서비스 부문은 제조업 부문과 생산성에서의 차이를 갖는다.

이와 같이 서비스 부문은 생산성이 낮기 때문에 고용상의 임금증가와 시장에서의 보다 낮아진 가격 간의 연계가 어려워진다. 이는 보다 낮아지는 시장가격과 증가하는 수요 간의 순환구조가 가능하지 않게 됨을 의미한다. 대신에, 서비스 부문에서의 고용이 시장에서 확대되는 가장 중요한 원천은 낮은 임금이다. 이러한 저임금은 가격 하락과 수요 증가를 대체하는 것이라고 할 수 있다. 정리하자면, 서비스 부문에서의 고용확대는 불평등한 임금구조를 전제로 한 것이다. 그러므로 서비스 경제의 시대에는 고용을 창출하기 위한 서비스 직종이 중요하게 부각되지만, 불평등하고 낮은 임금을 전제로 하기 때문에 근로빈곤층이나 비정규직, 저임금의 여성노동자와 같은 새로운 사회적 위험의 대상들을 양산하게 되는 것이다.

3. 서비스 경제로의 전환에 따른 영향들

서비스 경제로의 전환은 산업화 시기와는 다른 새로운 사회적 위험들을 유발하게 된다. 이는 서비스 경제로의 전환으로 인하여 사회복지의 대상들이 새롭게 제기됨을 의미하는 것이다. 과거의 산업사회에서 주된 사회복지의 대상은 남성 산업노동자에게 초점이 맞추어져 왔다. 이러한 남성 노동자는 자신의 노동력을 팔아서 벌게 되는 임금으로 가정생활을 유지하고 노부모를 부양하며 자녀를 양육할 수 있었다. 그 당시에는 제조업에서의 평생고용을 통해 안정적인 소득의 확보가 가능하였던 것이다. 그러므로 사회보장시스템도 이러한 남성노동자가 노동시장으로부터 이탈함으로 인해 발생할 수 있는 위험들에 대비하는 것이 대부분이었다. 남성 노동자가 노령, 질병, 실업, 상해로 인하여 노동시장에서 이탈하게 되면, 남성 근로자 자신뿐만 아니라 가족구성원 모두의 생계가 위협받기 때문이다. 따라서 공적연금, 의료보험, 고용보험, 산재보험 등이 사회보험의 방식으로 남성노동자와 그 가정을 보호해 왔던 것이다.

그러나 서비스 경제로의 전환은 이전과는 다른 형태의 새로운 사회적 위험들을 양산하게 된다. 우선, 제조업이 쇠퇴함에 따라 남성노동자는 상시적인 실업 위기에 봉착하게 되며, 생산성 저하에 따른 임금하락으로 인하여 가정의 생계를 유지하기가 어려워졌다. 이에 가정생활을 유지하기 위한 여성의 노동시장 참여가 확대되었으며, 이러한 현상은 서비스 경제에서 서비스 직종의 확대와 맞물려 대규모의 저임금 여성 노동자를 양산하는 결과를 초래하였다. 둘째로 여성의 노동시장 참여는 기존에 여성이 가정에서 담당했던 가사노동과 직장에서의 일을 병행하기 어려워지게 되었다. 이렇듯 여성으로 하여금 직장에서의 일과 가정생활을 병행하는 문제가 새로운 사회적 위험으로 등장한 것이다. 셋째로 여성이 가정에서 담당했던 노부모에 대한 부양과 자녀들에 대한 양육이 또 하나의 주요한 사회적 위험으로 제기되었다. 여성의 노동시장 참여는 노인부양뿐만 아니라 자녀양육을 어렵게 함으로써 노인 및 아동에 대한 돌봄 문제가 사회적인 문제로 나타나게 된 것이다. 넷째로 서비스 경제에서 창출되는 고용이 낮은 임금을 전제로 함으로써 저임금 · 미숙련 노동자를 양산하게 된다. 이러한 근로빈곤층은 고용상의 불안정한 지위와 함께 저임금으로 인해 빈곤층으로 전락할 가능성이 높다. 이상과 같이 서비스 경제로의 전환은 새로운 사회적 위험들에 직면하는 여성, 노인, 아동, 근로빈곤층과 같은 위험 담지자들을 사회보장시스템의 대상으로 떠안게 된 것이다.

그렇다면 이러한 새로운 사회적 위험들에 직면하여 서구의 선진국가들은 어떻게 대처하는가. 경제를 활성화하기 위해 고용을 늘려야 할 것이고, 임금 및 소득 불평등을 완화하기 위한 사회안전망을 강화해야 할 것이다. 그러나 새로운 사회적 위험들에 직면하였다고 하여 종래의 사회적 위험들이 사라지는 것은 아니다. 여전히 기존의 노동시장으로부터의 이탈에 대응하는 사회보장시스템에 국가재정이 투입되고 있는 것이다. 따라서 종래의 사회적 위험들을 비롯하여 새로운 사회적 위험들에 대응하기 위해서는 막대한 재정압박에 시달릴 수밖에 없게 된다.

상시적인 긴축재정의 압박 속에서 경제성장을 위한 고용증가와 위험 담지자를 지원하기 위한 사회보장시스템의 구축이라는 과제를 동시에 떠안고 있는 것이다. 이러한 상황에 직면한 서구 선진국가들의 대응은 대체로 다음과 같은 세 가지 정책 방향 및 전략으로 구분된다. 여기에서 세 가지 정책 방향 혹은 정책적 선택은 에스핑-안데르센의 복지레짐 유형화 분류에 경로의존적인 경향을 갖는다.

우선, 미국이나 영국과 같은 자유주의 국가들은 예산 억제를 통해 균형재정을 유지하고 노동시장유연화를 통하여 고용을 증가시킴으로써 경제를 활성화하고자 노력한다. 이는 자유시장경제에 대한 국가의 개입이 자원배분의 잘못된 할당을 초래할 것이라는 신념에 기초한 것이다. 그러나 이들 국가에서는 노동시장유연화에 따른 저임금의 일반 숙련직 고용이 민간부문에서 증가하게 된다. 이러한 민간부문에서의 고용확대는 저임금 노동자를 양산하여 소득 불평등을 심화시키는 결과를 초래하게 된다.

둘째, 스칸디나비아 반도의 사회민주주의국가들은 높은 수준의 고용과 더불어 평등한 임금구조를 성취하고자 한다. 적극적 노동시장정책과 보편주의적 복지제도를 통해 고용과 생활을 보장하고 임금불평등을 최소화하고자 노력하는 것이다. 이는 국가가 시장이 초래하는 불평등한 결과로부터 평등하고 완전한 고용을 위해 필요한 도구라는 사회민주주의 이데올로기에 근거를 두고 있다. 그러나 이들 국가에서는 공공부문 저숙련 노동자에게 지급되는 임금과 관대한 사회복지제도의 급여가 국가로 하여금 재정압박에 직면하게끔 하는 결과를 초래한다.

셋째, 대륙권 유럽의 기독교민주주의 국가들은 예산억제와 임금평등을 유지하고자 노력한다. 가정에서 여성의 역할을 강조하는 보수주의적 이념은 남성가부장 중심의 고용과 복지제도를 구축하여 왔다. 이는 가족, 교회가 시장이나 국가권력으로부터의 보호자 역할을 담당한다고 믿는 조합주의와 기독교 민주주의 전통에 근거하고 있다. 그러나 노동시장 경직성으로 말미암아 고용확대가 어려우며, 기업과 노동자의 기여를 통해 운영되는 높은 수준의 사회보험이 고용주로 하여금 고용을 기피하게끔 한다. 따라서 장기 실업을 초래할 가능성이 매우 높다.

이상과 같은 세 가지 복지레짐별 국가들의 사례는 다음과 같은 문제 제기로 이어질 수 있다. 제조업 경제에서는 발생하지 않던 문제들이 왜 서비스 경제에서는 이렇듯 독특한 형태로 나타나게 되었는가. 즉, 미국과 영국이 소득 불평등 심화를 겪고, 스웨덴이 재정압박에 시달리며, 유럽사회가 만성적으로 높은 실업을 경험하는 이유가 무엇인가 하는 것이다.

아이버슨과 렌(Iversen & Wren, 1998)은 이러한 서비스 경제의 상황을 '트릴레마'라는 개념으로 설명한다. 전술한 국가들이 각기 정책목표를 설정함에 있어, 서비스 경제로의 전환으로 인해 새롭게 제기되는 트릴레마적인 상황에 직면한다는 것이다. 따라서 '고용증가'(높은 수준의 실업률에 대응), '임금평등'(불평등 심화에 대한 대응), '재정억제'(공적부문 확대를 통한 정부의 대처 능력)를 동시에 달성할 수가 없고, 최대 두 가지의 정책목표를 선택함에 있어 나머지 한 가지의 목표는 희생할 수밖에 없다는 논리이다. 이로 인하여 자유주의 국가에서는 빈곤과 불평등의 완화를 포기할 수밖에 없으며, 사회민주주의국가는 균형재정 확보에 실패하게 되며, 기독교 민주주의국가에서는 고용을 확대하지 못해 높은 실업률에 봉착하게 된다는 것이다.

그리고 세 가지의 선택지에 직면한 국가들의 정책 방향은 에스핑-안데르센의 복지레짐 유형화에 '경로의존적path-dependency'인 경향을 갖는다는 것이다. ① 고용증가와 재정억제를 추구함으로써 임금평등을 희생시키는 영미 자유주의국가 모델, ② 고용증가와 임금평등을 추구하여 균형재정을 포기하는 북구 유럽의 사회민주주의국가 모델, ③ 재정억제와 임금평등을 강조함으로써 고용을 확대할 수가 없는 유럽대륙의 기독교민주주의국가 모델이 그것이다.

제3장 인구변화

1. 인구변화의 현황: 고령화, 저출산

인구변화는 최근 주요한 사회변동의 하나이다. 이러한 인구학적 변화의 핵심적인 흐름은 인구고령화 현상에 있다. 향후 50년간 세계 인구구조는 출산률 저하로 인해 청년층이 감소하고 노령인구의 비중이 높아짐에 따른 급격한 변화가 예상된다. 실제로 선진국의 인구증가율은 2000~2005년 0.25%에서 2045~2050년 -0.14%로 하락하고, 60세 이상의 노령인구 비율은 2000년 19.4%에서 2050년 32.3%로 높아져서 급속한 고령화가 전망된다. 또한 개발도상국에서도 인구증가율이 2000~25년 1.46%에서 2045~50년 0.4%로 하락하고, 노령인구 비율이 2000년 7.7%에서 2050년 19.7%로 증가하여 선진국과 유사한 패턴을 보일 것으로 예측된다(UN, 2002).

이러한 고령화와 함께 노령인구에 대한 부양 비율도 급격한 변화를 반영한다. 이는 경제활동인구(15~64세)에 대한 노령인구(65세 이상)의 비율을 나타내는 노령인구 부양 비율이 2000년 19.2%에서 2025년 31.9%, 그리고 2050년에 45.1%로 두 배 이상 상승하리라는 예측에서도 살펴볼 수 있다. 한편, 한국에서의 노령인구 부양 비율은 2000년 11.2%에서 2050년 동 비율이 65.6%로 상승하여 2000년에는 OECD 회원국 중 가장 낮은 편에 속하지만 2050년에는 일본, 이탈리아와 함께 가장 높은 국가군에 속하게 될 전망이다(OECD, 2004).

인구고령화 현상이 대부분의 OECD 회원국에서 나타나는 공통적인 현상이기는 하지만, 고령화되어 가는 속도에 있어서는 각 국가별로 차이가 있다. OECD 회원국들의 고령화 유형을 살펴보면, 기대수명의 증가와 출산률의 감소에 따른 인구고령화는 유럽과 일본을 중심으로 진행되고 있으며, 미국, 캐나다, 호주, 뉴질랜드 등은 이민정책의 시행에 따른 신규 인구 유입으로 고령화가 상대적으로 서서히 진행되고 있다. 한편, 한국은 지난 2000년 65세 이상 인구비율이 7.2%에 이르러 '고령화사회'에 들어섰으며, 향후 2018년에는 14.3%가 되어 '고령사회'에 진입하고, 2026년에는 20.8%가 되어 '초고령사회'에 도달할 것으로 전망된다(통계청, 2006고령자통계).[3] 따라서 한국은 OECD 회원국 중에 가장 젊은 국가이지만, 동시에 가장 빨리 늙어 가는 국가인 것이다.

이와 같은 인구고령화로 인한 노령인구 부양 비율의 증가는 GDP 대비 재정지출의 확대를 야기할 가능성이 있다. OECD 회원국의 GDP 대비 재정지출은 총재정지출이 2000년 21.2%에서 2050년 27.0%로 확대

3 UN은 전체 인구 중 65세 이상 인구가 차지하는 비중에 따라 고령화사회(Aging Society, 7%~14%), 고령사회(Aged Society, 14%~20%), 초고령사회(Super-aged Society, 20% 이상)로 분류하고 있다.

될 전망이다. 이는 공적연금 지출이 3.0%에서 4.6%로 증가하고, 의료 및 요양비 지출이 6.8%에서 13.0%로 증가하기 때문이다(OECD Focus, 2004년 9월호).

2. 인구변화에 따른 영향

인간이라면 누구나 꿈꿔왔던 수명 연장이 이제 현실로 나타나고 있다. 대부분의 OECD 회원국에서는 지난 40년 동안 기대수명이 증가하여 2003년 평균 78.1세에 이르렀다(OECD health data, 2006). 그렇다면 장수사회는 축복인가? 이러한 문제 제기에 대해 두 가지의 상반된 접근들이 논의될 수 있다. 그 하나는 기대수명의 증가가 사람들에게 축복이라는 것이고, 다른 하나는 생명 연장의 상황이 몇 가지의 필연적인 과제를 수반하기 때문에 축복이지만은 않다는 것이다. 기대수명의 연장에 수반되는 과제들은 일반적으로 '보다 늘어나는 노인들을 어떻게 부양할 것인가', '보다 길어진 은퇴기간 동안 노인들의 경제적 안정은 어떻게 보장할 것인가' 하는 것이다. 이는 장수사회에서 노인들이 길어진 기대수명만큼 보다 나은 삶을 영위할 수 있을 것인가에 대한 물음이다. 인구변화에 따른 영향과 관련하여, 기존의 논의들은 인구고령화와 저출산으로 인한 온갖 위기를 강조하는 분석과 전망이 대부분이었다. 그러나 최근에는 인구변화로 인한 위기만을 부각시키는 것이 아닌, 활동적 고령화Active Aging를 위한 잠재 가능성Potential이 새로운 패러다임으로 활발하게 논의되고 있다. 다음에서는 인구변화에 따른 영향에 대한 두 가지의 상반된 전망—'위기' 논의, '잠재가능성' 논의—를 보다 자세히 살펴본다.

2-1. 부정적 측면: 생산인구 감소, 경제성장 저해, 사회보장비용 증가

인구고령화와 저출산의 인구변화는 사회경제적으로 미치는 영향이 매우 크다. 우선, 베이비붐 세대를 비롯한 현재의 경제활동인구가 (조기) 은퇴하거나 노령화되는 데 반해 출산률의 하락으로 인해 새로운 경제활동인구가 유입되지 않기 때문에 생산인구의 감소가 나타난다. 둘째로 생산인구의 감소와 노인부양 비용의 증가로 인한 소비 및 저축의 감소는 경제성장을 둔화시키는 결과를 초래할 수 있다. 셋째로, 고령인구가 증가함에 따라 노인 의료비와 요양비와 같은 사회보장비용이 크게 증가할 것이다.

예를 들어, 인구변화로 인해 세원稅源이 되는 생산가능인구의 비중은 계속해서 줄어드는 반면에 연금, 각종 사회보장, 노인의료비 등의 지출이 늘어나 재정수지의 부담을 가중시킬 것으로 전망된다. 실제로 IMF는 GDP 대비 재정수지가 생산가능인구 비율 1% 증가시에는 0.06%p 개선되는 반면, 노령인구 비율 1% 증가시에는 0.46%p 악화되는 것으로 분석하였다(IMF, World Economic Outlook, 2004).

이러한 인구변화는 생산인구의 감소로 인해 직·간접적으로 성장둔화를 초래할 것이다. 직접적인 효과로는 생산인구의 감소가 노동공급의 축소로 이어져서 생산을 감소시키고 이로 인하여 경제성장이 둔화된다는 것이다. 간접적인 효과로는 노인부양 비율이 증가함에 따라 저축, 곧 자본 공급이 감소하여 투자 등 총 수요가 감소함으로 인하여 경제성장이 둔화된다는 것이다. 그러므로 인구변화에 따른 성장둔화를 보완하기 위해서는 노동력의 양적 · 질적 개선을 위한 정책적 노력이 요구된다. 기술 혁신, 1인당 자본비율 증대, 노동의 질적 수준 향상 등 생산성 제고의 노력을 통하여 노동력 감소를 보완할 필요가 있다. 동시에 다양한 계층(여성, 고령자, 이민자 등)의 경제활동 참가를 활성화하는 정책을 통한 노동력의 확보가 요구되는 것이다.

인구 구조에서 노인이 차지하는 비율이 절반에 육박하게 되는 심각한 변화는 공공지출과 관련하여 모든 복지국가에게 큰 부담으로 작용한다(Pierson, 2001a:93~94). 이러한 인구변화는 복지국가의 개혁을 불가피하게 만드는데, 그러한 근본적인 원인은 복지 재정에 미치는 압박이 매우 심대하기 때문이다. 연금과 같은 기존 사회보장비용이 증가하는 한편 장기요양서비스long-term care처럼 새로운 서비스 비용이 추가적으로 발생하는 것이다. OECD 회원국의 경우, 2000~2030년 사이에 인구고령화로 인하여 추가적으로 부담해야 하는 기존의 사회보장비용이 매년 GDP의 5.6%(연금 3.9%, 의료 1.7%)로 추정되고 있다(OECD, 1998:25). 그리고 장기요양서비스로 인한 재정지출은 2020년 기준 GDP의 1%를 넘나들 것으로 전망되고 있다. 결국, 인구변화는 현재 OECD 평균 GDP의 22.4%에 달하는 사회지출에 추가적으로 7% 가까운 부담을 더하게 되는 것이다. 그러나 문제는 전후 자본주의의 황금기가 끝나고 경제성장이 한계에 이르렀기 때문에, 인구고령화로 인한 추가의 사회지출을 충당할 경제적 기반이 더 이상 존재하지 않다는데 있다. 따라서 인구변화는 신규 복지수요의 창출과 기존 제도의 고착성으로 인하여 균형재정을 심각하게 악화시키기 때문에 복지개혁을 추동하는 근본

원인이 되고 있다.

고령사회에 대한 대응은 고령사회로 급격히 진입한 일본을 제외하면 대부분의 OECD 회원국에서 복지국가의 발전과 고령인구의 증가가 맞물려 서서히 진행되었다. 하지만 인구변화와 세계화의 영향은 과도한 사회복지 재정의 부담을 압박하였고 이는 선진복지국가들로 하여금 사회복지부문의 개혁을 추진하게 만들었던 것이다. 한편 일본보다 더 빠른 속도로 고령사회로 진입하고 있는 한국은 선진복지국가들의 경험과는 달리 신속한 대책을 필요로 한다는 점에서 더욱 시급하고도 심각한 문제로 대두되고 있다. 한국사회는 고령사회에 대응하기 위한 복지정책을 마련해야 함과 동시에 사회복지 부문의 개혁 이슈를 타개할 방안을 동시에 추진해야만 하는 상황에 처해 있는 것이다. 여기서 특히 중요한 점은 한국사회의 경우 사회복지정책의 인프라가 구축되어 있지 않다는 점이다.

2-2. 긍정적 측면:
은퇴시기 연장, 활동적 고령화(Active Aging), 잠재적 가능성(potential)

고령사회로의 진전은 전술한 바와 같이 사회경제적으로 많은 문제와 부담을 야기하는 것으로 전망된다. 그러나 최근에는 고령사회에 대한 위기만을 부각시키는 잿빛 전망이 아닌, 활동적 고령화를 위한 잠재가능성 논의가 새로운 패러다임으로 대두되고 있다. 이는 기존의 빈곤 노인을 위한 소득보장이나 혹은 은퇴 후 안정된 소득보장에만 머무르고 있던 소극적 형태에서 벗어나, 고령사회가 몰고 올 변화에 적극적으로 대처하는 방향으로의 변화를 모색하는 것이다.

1997년 덴버정상회의The Denver Summit[4]에서는 '노인'으로 규정되는 의미에 대한 기존 생각에 변화를 조장하고, '활동적 고령화Active Aging'를 촉진하기 위한 유인들에 초점을 맞춘 논의가 이뤄졌다. 또한 앞으로의 연구와 정보 공유를 위한 국제적인 협력에서 잠재적으로 가능한 영역을 확인하고, 고령사회가 직면하는 연금pension 및 건강보장체계health care system를 지속적으로 유지할 수 있는 전략을 논의하였다.

여기에서 '활동적 고령화'는 사회경제적으로 생산적인 활동에 종사하고자 하는 노인들의 요구와 능력을 나타내는 새로운 표현이다. 이러한 활동적 고령화는 단순히 노인들의 임금고용을 확대하는 것만을 강조하지 않는다. 임금고용보다도 자원봉사, 가족 및 아동돌봄, 장애노인돌봄, 사회서비스 기관에 대한 원조와 같은 사회적으로 중요한 활동에서 노인의 역할을 강조하는 것이다. 기존의 노인들이 젊은 세대에게 재정적인 부담을 전가하는 존재들로 묘사되었다면, 활동적 고령화에서 노인들은 사회에 많은 부분을 기여함으로써 자신들의 가치를 인정받게 되는 것이다.

이러한 활동적 고령화로의 패러다임 전환에서 주요하게 다뤄지는 논의들은 다음과 같다. 첫째, 기대수명 개선으로 늘어난 노년의 시기를 보다 건강하고 활동적인 삶이 되게끔 하는 것이다. 둘째, 건강하고 활동적인 삶을 위하여 65세 이상 노인들의 고용기회를 확대하는 것이다. 셋째, 고용기회 확대를 위하여 연금체계도 노인들의 노동시장 참

4 서방 7개국(미국, 영국, 독일, 프랑스, 일본, 이탈리아, 캐나다)의 연례 경제정상회담으로 1997년 이후 러시아가 참가하여 G8이 되었다. 1997년에는 미국의 덴버에서 회의가 개최되었으며, OECD 고령인구에 대한 지속적인 연구를 위하여 우선적인 논의를 이끌었다.

여를 유인하는 방식으로 강화하는 것이다. 넷째, 만성질환에 따른 노인들의 건강 및 장기요양을 위한 계획이 마련되어야 한다는 것이다. 또한 만성질환의 치료에 대한 예방 중심적인 전략과 비용효과적인 개선이 필요하다는 것이다. 다섯째, 아동이나 장애노인들에 대한 돌봄과 자원봉사에 노인들의 참여를 확대시키는 것이다.

제4장 가족변화

1. 가족의 변화

가족은 다양한 사회경제적 환경 속에서 사회구성의 기본 단위로서의 역할을 수행하여 왔다. 대체적인 사회복지 역시 가족 체계를 통해 이루어졌다. 전통적인 서구 복지국가의 주요 목표도 가족을 중심으로 설정되어 임금노동자와 그 가족들을 사회적 위험들로부터 보호하려는 것이었다. 따라서 국가의 가족에 대한 개입은 제한되었고, 가족이 시장을 통하여 충분히 충족할 수 없는 욕구들에 대해서만 국가가 개입하여 지원하였다. 이를테면 퇴직, 실업, 질병, 장애 등으로 인한 수입의 중단이나, 건강 및 교육과 같은 사적으로 해결하기에는 비용 부담이 막대한 영역의 서비스를 국가가 지원하고자 하였다(Taylor-Gooby, 2004:2). 결과적으로 가족 내에서는 남성과 여성이 일과 가사의 역할을 나눠 맡고, 정부는 완전고용 실현을 위한 경제 관리 등 시장과 가족이 충족시키지 못하는 욕구에 대해서만 사회보장을 조직하게 되었다. 따라서 전후 복지국가 체계가 잘 적용되었던 사회는 안정된 가족구조를 가지고 가족 내 남성과 여성의 노동 분담이 잘 이루어진 산업사회였다고 할 수 있다 (Taylor-Gooby, 2004:2).

그러나 최근에 들어 가족구조는 많이 변하였다. 전통적인 가족구조와 그에 기반한 남성과 여성의 성 역할은 붕괴되고 다양한 형태의 가족구조가 형성되었다. 한부모가족, 미혼모가족, 무자녀가족, 노인가족, 재혼가족, 입양가족, 국제결혼가족, 비혈연가족, 동거가족 등 비정형적이고 새로운 형태의 가족구조가 등장한 것이다.[5] 또한 미혼성인과 독거노인의 증가 등으로 가족의 규모는 점차 축소되지만, 가족의 수는 증가되었다. 유럽과 미국에서 동거의 보편화는 혼외 출산의 증가로 이어져 혼외 출생아 비율이 높아지고 있으며, 이혼률의 증가는 재혼률의 증가와 함께 그에 따른 의붓가족의 증가를 가져왔다. 이러한 가족구조의 커다란 변화는 한부모가구 및 노인가구의 빈곤, 빈곤의 여성화, 그리고 아동빈곤의 심화 등을 야기하였으며, 이는 국가의 재정적 부담으로 연결되었다.

2. 가족구조 변화의 주요 원인

그렇다면 무엇이 다양한 형태의 가족구조를 초래하였을까. 사실 변화의 주요 원인은 각각 독립적이라기보다는 상호 연관되어 있다고 할 수

5 전통적 가족구조를 기준으로 할 때 한부모가족은 자녀의 입장에서 부 또는 모가 부재한 가족이고, 무자녀가족은 부모의 입장에서 자녀가 없는 가족이며, 노인가족은 평생 자녀가 없었거나, 자녀가 있더라도 현재 함께 생활하지 않는 가족을 의미한다.

있다. 다시 말해 특정 요인이 결정적인 역할을 한다기보다는 각 요인들이 서로 영향을 주고 받는 것이다. 이 장에서는 크게 가치관의 변화, 사회적 요인, 인구학적 요인을 중심으로 살펴보도록 한다.

우선 젊은이들을 중심으로 가치관이 급격히 변화하였다. 전통적 가치에서 결혼은 반드시 해야 하는 것이었고 이혼이나 재혼은 가능한 피해야 할 것이었다. 그러나 최근 들어 결혼에 대한 절대적 가치와 이혼이나 재혼에 대한 부정적 가치가 개인들마다의 '선택'이라는 상대적 가치관으로 변화하였다. 또한 남녀 간 성 역할에 대한 가치 역시 크게 변하여 경제활동, 자녀양육, 가사 분담 등에서 평등주의적 사고가 확산되어 가고 있다. 여성의 교육수준 향상과 경제활동 증가는 일과 가사의 분담이 상대적으로 변화하는 데 기여하였다. 자녀에 대한 가치관도 크게 변화하였다. 과거 농경사회에서의 자녀는 가계 계승, 노동력의 창출, 노후부양 기대 등의 의미에서 매우 중요시 되어 왔다. 그러나 탈산업사회에서는 많은 수의 자녀가 양육 부담을 증가시키며 개인 중심의 가족생활을 중시함에 따라 적은 수의 자녀를 희망하게 되었다.

사회적 요인으로는 탈산업화 진행에 따른 여성의 노동시장 참여 급증을 지목할 수 있다.[6] 여성들이 유급노동시장으로 진입할 수 있었던 것은 탈산업사회의 경제를 이끌어 가는 주요 동력인 서비스 부문이 여성 중심적이라는 특성을 지니고 있기 때문이다(Taylor-Gooby, 2004). 제조

6 국제노동기구(ILO)가 11개국을 조사한 데이터에 따르면 15-64세 연령의 여성의 노동시장 활동률은 1960년 평균 33.3%에서 1996년 평균 61.9%로 증가했다(ILO 1990, 1993, 1997).

업 중심인 산업사회는 남성의 대규모 고용을 가능하게 해 주는 반면 탈산업사회에서는 제조업이 쇠퇴하고 서비스업이 증가하기 때문에 여성의 노동참여 비율이 높아지게 된다. 게다가 여성의 교육기회 증가와 교육수준의 향상은 이 같은 상황을 더욱 가속화시키고 있다(Taylor-Gooby, 2004). 여성의 경제활동 증가는 자녀양육 기능의 약화를 우려한 여성들로 하여금 출산을 기피하거나 포기하도록 만들었으며, 여성의 경제적 자립능력은 배우자의 부정이나 가족기능 수행에 대한 불만족을 여성이 더 이상 인내하지 않도록 하였다.[7]

인구학적 요인으로는 초혼연령 상승, 혼인 감소, 미혼자 증가, 저출산과 인구노령화 등을 들 수 있다. 이러한 인구학적 요인들은 위에서 지적한 가치관 변화와 노동시장의 변화와 연계되어 있으며, 평균 가족규모household size의 축소와 가족의 해체라는 결과를 초래하였다. 가족 형성을 의미하는 혼인을 지연하거나 아예 기피하는 경향은 초혼연령의 상승 및 혼인률의 감소와 미혼인구의 증가로 나타났다. 또한 혼인의 해소로 인한 이혼률이 증가하였으며, 다른 가족 없이 혼자의 힘으로 살아가려는 노인과 젊은이들의 수가 점차 증가하는 추세이다. 그 결과 이민을 제외할 경우 인구 증가가 거의 모든 OECD 회원국들에서 멈춘 반면 가족의 수는 점차 증가하는 것으로 나타났다.

7 그 결과 이혼률은 과거 30여 년 동안 증가되어 왔다. OECD 9개 국가들에서 이혼률(1,000명의 기혼여성당)은 1960년 4.1에서 1986년 10.8로 증가했다. 같은 국가들에서 혼외(out of wedlock) 출산은 출산 전체 중 5.4%에서 21.4%로 증가하였다(Sorrentino, 1990 : 45) 미국은 그 비율이 1960년 9.1%에서 1988년 22.9%로 증가하였으며, 독일은 편부모가정 비율이 1972년 8%에서 1988년 13.5%로 증가하였다.

한편 문화적 변화와 여성의 사회참여는 OECD 회원국들에서 출산률이 급감하도록 만들었다. 출산률은 1970년에 한 여성당 자녀 수가 2.4명이던 것이 2000년에는 1.6명으로 지난 30년간 심각하게 떨어졌다(Willem Adema et. al., 2004:7). 저출산 경향은 개인의 선호도나 생활양식life style의 변화도 한 몫을 하지만 일상에서 노동시장의 불안정, 안정된 주택확보의 어려움, 감당할 수 없는 아동양육 등 부부가 직면하게 되는 새로운 위험 요소들의 등장과 불충분했던 사회정책에도 그 원인이 있다.[8]

3. 가족구조 변화의 영향

가족구조의 영향은 전 부문에 미치지만 크게 빈곤가구의 증가, 여성의 빈곤화, 국가의 재정부담 증가로 나누어 살펴볼 수 있다.

3-1. 빈곤가구의 증가

가족구조의 변화가 초래하는 중요한 문제 중 하나는 가족생활의 불안정을 야기하는 빈곤의 문제이다. 특히 한부모의 가족일 경우 빈곤의 가능성이 더욱 높아진다(Bonoli, 2004:1). 맞벌이double income가구가 보편화되어 가는 추세 속에서 한부모가구들은 낮은 소득으로 인해 빈곤에 처할 위험이 다른 가구들보다 높으며 일과 육아의 병행에서 오는 부담 역시 양부모가구에 비해 훨씬 더 크다.

8 이 점을 뒷받침해 주는 것이 소망하는(desired) 자녀 수와 조사(observed)된 자녀 수 간 차이이다. OECD 회원국들 중 대부분의 국가에서, 조사된 자녀 수가 소망하는 자녀 수를 초과하며 출산률이 낮은 국가일수록 그 격차는 높게 나타나고 있다(Adema et al., 2004:8).

일반적으로 빈곤가구는 불충분한 물질적 조건 외에도 복잡한 가족 문제를 야기한다. 다시 말해 가구의 낮은 소득으로 인해 가족 구성원들이 생활고에 시달리게 되고, 생업과 가사 및 가족의 보호와 같은 역할 과중으로 인해 육체적, 정신적 피로가 누적될 뿐 아니라 가정폭력으로 이어지는 경우도 많다. 또한 이는 아동에게도 부적절한 양육 환경과 열악한 교육 여건으로 이어져 교육 성취에 부정적인 영향을 주게 되어 사회적 상승이동의 기회가 차단되어 빈곤의 악순환이 되풀이되기 쉽다(박세경, 2005: 81). 통계적으로도 양부모가구인 경우 둘 다 소득이 없는 가족의 아동빈곤률은 한 사람만 소득이 있는 경우에 비해 3배 정도 높았다. 또한 한 사람만 소득이 있는 가구의 아동빈곤률은 둘 다 소득이 있는 경우에 비해서 3배가량 높은 것으로 나타났다. 그리고 한부모가구인 경우도, 소득이 없는 한부모가구의 아동빈곤률이 소득이 있는 한부모가구의 아동빈곤률에 비해 3배 정도 높은 것으로 조사됐다(Willem Adema et al., 2004: 5-6).

이러한 경제적 어려움은 노인가족에서도 심각하게 나타난다. 노인가족의 상당수가 낮은 가구 소득으로 경제적 빈곤을 겪고 있다. 대가족 형태는 자원을 공유할 수 있고, 노인의 부양과 아동의 양육을 공동으로 책임질 수 있지만, 노인단독가족이거나 노인부부가족과 같은 소규모 가족형태는 도움을 받을 수 있는 다른 가족의 부재로 인하여 집 바깥에서의 도움, 특히 국가의 도움을 절실히 필요로 한다. 경제적 어려움 외에도 노인가구는 자녀나 주변 사람들의 관심과 교류 부족 등으로 더욱 정서적 소외감과 고립감을 느끼며 살아간다. 에스핑-안데르센의 지적대로 '새로운' 가족의 필요needs와 '낡은' 복지국가 구조의 역량capacity 사이에 간극이 발생하고 있는 것이다(Esping-Andersen, 1999).

3-2. 여성과 빈곤화

가족구조의 변화는 남성보다 여성의 빈곤화에 보다 많은 영향을 미치고 있다. 여성의 빈곤문제는 성 차별, 사회보장에서의 불평등한 지위, 가부장적 가족구조, 직장과 가사의 병행 등과 연관되어 심각한 상황이다(김안나, 2006: 38-55). 이 같은 여성의 빈곤화는 특정 국가만의 문제가 아니라 전 세계적인 문제로 부각되고 있으며, 특정한 가족형태에 국한되지 않고 대부분의 가족구조에서 나타나고 있다. 특히 남성 한부모가구에 비해 여성 한부모가구에서 더 심각하게 나타나고 있다. 대체로 여성이 가장인 한부모가정은 국가가 그 격차를 채워 주지 않으면 다른 가정에 비해 저소득 수준과 빈곤을 면하기 어렵다. 한부모가정의 여성은 남편의 상실로 인한 소득의 감소로 생계 유지를 위하여 취업을 하지 않을 수 없으며, 동시에 육아와 가사를 책임져야 한다. 그러나 전문적 기술의 습득이 없는 여성이 가정생활을 영위하면서 취업할 수 있는 직종은 저임금, 서비스 영역에 편중될 수밖에 없다. 또한 여성이 고용을 통한 소득을 얻게 되었다고 해도 성별에 따른 고용상 격차는 여전히 남아 있으며 특히 자녀가 있는 경우는 더욱 그렇다. 모든 OECD 회원국들에서, 결혼한 어머니들의 유급노동 참여는 아버지들에 비해 미흡한 것으로 나타나고 있으며, 고용이 된다고 해도 일하는 남성에 비해 상대적으로 낮은 수준의 일자리에서 저임금을 받으며 일하고 있다. OECD 회원국들 평균으로, 중년(35-54세) 여성의 26%가 파트타임으로 일하지만 같은 조건의 남성은 7%를 넘지 않는다(Adema et al., 2004: 4). 게다가 자녀를 둔 부모라는 신분은 고용에 영향을 미치게 되는데 남성과 여성이라는 성별에 따라 상반되게 작동하는 것으로 알려져 있다. 즉 여성 취업률은 일반적으로 아동의 수가 늘어남에 따라 감소하고 남성은 반대로 증가하는 경향이 있다는 것이다. 게다가 자녀를 둔 여성은 고용이 된다고 해도 아이 양육과 노인 부양 등을 위해 유급휴가를 얻거나 경력단절 career break을 감수해야만 한다(Adema et al., 2004: 4). 이러한 여성의 빈곤화 경향은 미혼모가족의 경우에도 예외가 아니다. 미혼모들 역시 경제적 빈곤, 자녀양육문제, 건강문제, 주택문제 등 많은 부분에서 어려움을 겪고 있는 것으로 나타났다.

3-3. 국가의 재정부담

전통적인 가족구조를 벗어나 다양한 형태로의 가족구조 변화는 결과적으로 국가의 복지 재정부담을 가중시킬 수밖에 없다. 대체적으로 기존의 복지국가들은 전통적으로 남자가 돈을 벌고 여자는 육아와 노인부양을 담당하는 '남성생계부양사'(베버리시-케인시 모형) 가족구조에 맞춰 디자인되었다. 다시 말해 그동안 복지국가의 사회복지는 국가와 시장에 기초하였다기보다는 오히려 국가, 시장, 가족이라는 3자 분담 tripartite에 기반하여 왔다고 할 수 있다(Orloff, 1993; Sainsbury, 1994; O'connor, 1996). 그러나 앞에서 살펴보았듯이 여러 가지 비정형적이고 파편화된 형태의 가족구조가 등장함에 따라 기존과 같은 가족의 역할을 기대하기 힘들게 되었다. 이는 독거노인, 한부모가족의 여성, 빈곤아동, 미혼모 등 가족을 대신해서 국가가 보호하고 지원해야 할 대상이 증가되었음을 의미한다.

또한 노동시장에 참여하려는 여성들의 가족 내 공백을 메우기 위하여 그동안 여성들이 전담했던 가족보호를 남성 등 다른 가족이 분담하거나 시장 혹은 국가가 지원해야 함을 의미한다. 이러한 문제들의 해결은 기본적으로 국가예산의 증가를 요구하기 때문에 모든 복지국가들에게 공통적인 재정부담으로 작용하지만, 특별히 여성노동력 참여가 상대적으로 저조한 상태에 머물던 유럽의 '보수주의적' 복지국가들에게 크게 영향을 미친다. 전통적인 가족구조를 보존하려는 보수주의적 복지국가들은 여성이 가족에 머무르며 전통적인 여성의 역할을 해주기를 바라기 때문이다. 따라서 여성의 가족보호를 독려하기 위해선 가족의 케어서비스를 가족수당이든, 연금 크레딧pension credit이든, 보호자carer에 대한 직접 지급이든 최소한 뭔가를 '지불'해야 하는 압력에 직면하게 된다(Pierson, 2001: 96). 보수주의적 복지국가가 아니더라도 가족구조의 변화는 아동양육과 노인부양을 위한 모성휴가, 부성휴가, 아동수당, 다양한 세제혜택과 사회보장 크레딧, 기타 많은 공적 사회보장의 확대를 요구하게 되고 이는 당연히 국가재정에 압박을 가하게 된다.

제5장 가치관 변화

1. 가치 변화

가치관이 빠르게 변화하고 있는 중이다. 상대적으로 안정된 농업사회와는 달리 빠른 기술 변화와 경쟁에 근거한 산업사회는 사람들의 의식을 신속히 변화시켜 왔다. 더욱이 요즈음 시대는 거시적 사회변동이 한 사람의 일생주기 내에 나타나고 있다. 소년기 농업사회를 거쳐, 청년기에 산업사회, 장년기에는 정보화사회 혹은 지식기반사회로 발전해 나가는 시대에서 가치관의 변화 속도는 과거의 유례를 찾을 수 없는 정도이다.

가치관이 빠르게 변화하고 있다는 증거는 곳곳에서 나타나고 있다. 가정은 가치관 변화의 중심축 중의 하나이다. 가정은 이제 부모님에 대한 효와 아내의 가사 전담, 부부간의 안정된 결속을 바탕으로 하는 가치 생성 기관이 아니다. 이혼과, 여성의 노동시장 참여, 부모의 자립적 노후 준비로 변화해 가고 있다. 기업은 남성 위주, 온정주의적, 평생 헌신으로부터 점차 양성 평등, 합리주의적, 제한적 헌신의 직장 문화로 변화하고 있는 중이다. 군대 또한 과거의 수직적, 위계적 질서의 일방적 관철자가 아니라 새로운 병사들의 개인주의적 가치를 병영생활에 수용해야 하는 타협자이다. 시민사회는 노 · 사 간의 갈등에 의해서만 구조화되는 것이 아니라 과거에는 보이지 않았던 새로운 집단들의 요구들에 의해 다양해져 가고 있다. 국가 또한 사회에 군림했던 권위주의적 가치들이 빠르게 약화되어 가면서 국가와 시민 간의 관계의 재정립을 바탕으로 한 새로운 형태의 사회권 및 시민권이 대두되고 있다.

이러한 사회변화는 한국사회에 특징적인 것이 아니다. 서구사회 모든 국가들이 이러한 변화를 경험하였거나 경험하는 중이다. 이들 사회에서도 사회의 중요한 기관들의 역할이 변화되고, 새로운 집단들의 요구가 분출되고 있으며, 그에 따라 갈등과 저항의 영역이 확대되고 있다. 과거의 권위주의에 입각한 사회관계들은 점차 평등주의적이고 개인주의적인 관계로 변모하고 있고, 계급운동은 신사회운동으로, 정치는 새로운 정치로, 복지는 새로운 형태의 사회권을 모색하는 방향으로 변화하는 중이다. 서구 선진국가들뿐 아니라 세계화의 빠른 흐름에 통합된 국가들은 가치관의 빠른 변화 속에 놓여 있으며 새로운 형태의 사회통합과 갈등 해소를 위한 다양한 사회정책들을 제시하고 있다.

한국뿐 아니라 선진 복지국가들의 사회변동을 어느 정도 일정한 방향으로 수렴시키고 있는 가치관이 존재할까? 서로 상이한 문화적 전통을 갖고 있는 나라들 간에 어떤 공통적 가치관이 존재하고 이러한 가치관이 사회변동의 방향을 어느 정도 수렴시킨다는 주장은 언뜻 보기에 문제가 많은 것처럼 보인다. 하지만, 일단의 학자들은 사회문화적 변화와 관련하여 보다 거시적인 수준에서 서구사회 변화의 공통된 특징들을 설명하고 있다. 잉글하트(Inglehart, 1990)의 '탈물질주의로의 이행', 베크(Beck, 1986, 1994)의 '위험사회로의 이행', 료타드(Lyotard, 1995)의 '근대사회에서 후기 근대사회post-modern로의 이행', 기든스(Giddens, 1990)의 '근대사회에서 고도 근대사회high modern로의 이행', 로산발론(Rosanvallon, 1995)의 '복지문화의 와해'를 제시하고 있다. 다양한 방식으로 이들 학자들은 이러한 사회변동의 방향들이 개인주의적 가치들의 확산과 그에 따른 사회연대 이데올로기의 약화와 새로운 정치형태에 의해 뒷받침되고 있다는 것을 지적하고 있다.

특히 잉글하트(1995, 1997)의 거시적 가치변동 이론은 탈산업사회의 가치들이 점차 탈물질주의적 가치들로 변화하고 있다는 것을 이론적 및 경험적으로 제시하고 있다. 그는 세 가지로 가치들을 구분하고 있는데 '전통적', '근대적', '포스트모던' 가치가 그것이다. 뒤의 두 가치들은 산업혁명과 후기 산업혁명의 결과들이며 서구의 경우는 1960년대를 기점으로 후기 산업적 가치들이 확산되기 시작한 것으로 보고 있다. 이러한 후기 산업적 가치가 등장하게 된 것은 경제발전의 산물로서 이해하고 있다.

그에 따르면, 역사 전체를 통틀어 대부분의 사람들에 있어 생존은 불투명하였다. 하지만 2차 세계대전 이후로 두드러진 경제적 성장과 복지국가의 발전으로 말미암아 근본적으로 새로운 사회경제적 조건들이 창출되었다. 전후 세대들에게 있어 생존의 문제가 보장되면서 점차 서구 산업사회들의 정치와 문화적 규범들이 변모하게 되었다. 상대적으로 풍요한 물질적 환경에서 성장한 세대들은 그 이전 세대들에 비해 가치관의 뚜렷한 차이를 보이게 된다. 먹고살기에 급급한 세대들에 있어서 중요한 이슈는 생존과 관련된 안전이었던 반면, 그 이후 세대들에 있어서 생존은 당연한 것이었고 보다 주요한 이슈는 자기표현self-expression, 삶의 만족과 관련된 가치들이다. 물질주의로부터 탈물질주의로의 변모는 이러한 변화들의 한 측면을 잘 표현하고 있으며, 경험적 자료들을 통해 쉽게 확인되어 왔다. 1970년부터 현재까지 축적된 자료들을 검토함으로써, 잉글하트는 탈물질주의적 가치를 목표에 두고 행동하는 사람들이 많아졌음을 보고하고 있다(Inglehart, 1997; Inglehart and Welzel, 2005). 하지만 최근의 연구는 탈물질주의적 가치변화가 생존의 가치로부터 자기표현 가치로의 보다 광범위한 문화적 변동의 한 측면으로 이해하고 있다(Inglehart, 2005:7).

탈산업사회의 가치들은 다양한 형태로 발현되었다. 시민권의 확대, 인권에 대한 강조, 다문화주의multiculturalism와 사회적 포용social inclusiveness, 인종, 젠더, 성적 선호나 연령에 기초한 경계의 약화, 환경에 대한 새로운 인식, 과거의 정치적 이데올로기의 약화 등과 같이 다양한 형태로 표출되었다(Rimac and Stulhofer, 2004: 305). 이전까지는 사회에서 주변으로 밀려나 있던 집단들이 동등한 권리를 누릴 수 있는 집단으로 인정을 받게 되었으며, 심지어는 동물들에게까지 권리를 확대하자는 운동으로 발전되었다(Franklin, et. al., 2001).

2. 가치변화에 따른 영향들

2-1. 사회의 개인화

잉글하트에 있어서 후기 근대사회의 가치는 삶의 질, 개인적 자율성,

자기표현에 의해 특징지워진다. 이러한 가치들은 모두 개인에 초점을 맞추고 있으며 외적인 권위에 대해 자신의 선택을 강화하는 개인주의적 성향을 갖고 있다. 또한 기든스(1991) 및 베크와 베크-게른스하임(Beck and Beck-Gernsheim, 2002)에 있어서도 개인주의적 경향은 후기 근대사회의 특징적인 모습으로 나타나고 있다. 이들 학자들 주장 외에도 현대사회가 점차 개인화되고 파편화되어 간다는 주제는 널리 알려져 있다.

사회의 개인화에 대한 의미는 학문적으로 다양하게 이야기할 수 있다. 하지만 일반적으로 외적인 권위의 약화라는 의미가 널리 쓰인다. 즉 사회나 제도, 전통 혹은 문화 등이 사람들을 결속시키고 조직시키는 힘이 약화됨을 의미한다. 과거에는 사회나 공동체, 문화가 사람들에게 부과하는 규칙과 규제, 제제의 힘이 강하였다. 하지만, 이러한 힘들이 약해짐에 따라 삶에 주어졌던 제한은 완화되고 개인적 선택의 여지가 늘어나게 되었다. 따라서 외적인 권위의 약화는, 개인적인 차원에서는 선택기회의 확대와 개인의 자율성 증가와 연결된다. 또한 사회 전체적으로는 다양한 선택을 하는 구성원들이 늘어나면서 점차 다원적 사회로 발전해 나간다.

탈권위화, 선택지의 확대, 사회의 다원화의 요소로 구성되는 사회의 개인화는 가족의 최근 변화에서 잘 드러나고 있다. 얼마 전까지만 해도 직업, 결혼, 가족이라는 제도들이 서로 연계되어 있는 유형은 상당히 안정되어 왔었다. 일정한 연령이 되면 당연히 결혼을 해야 했었고, 남성은 직업을 가지면서 생계를 벌고, 여성은 가사일을 전담하면서 핵가족을 꾸려 나가는 형태가 지배적이었다. 하지만 상황은 현재 매우 다르다. 당연시 여기고 있던 것들이 개인의 선택 상황에 놓이게 되었다. 결혼을 할 것인지, 아이를 낳을 것인지, 가정을 이룰 것인지, 가정을 이룬다면 누구와 같이 살 것인지, 직장을 가질 것인지, 이혼할 것인지 등을 개인이 선택해야 하는 것들로 점차 바뀌고 있다. 즉, 베크와 베크-게른스하임이 이야기하는 '스스로 만들어 나가는 생애사do-it-yourself biography'가 확대되어 가는 중이다. 전통적으로 표준화된 결혼과 가족의 안정된 연계 유형이 다양한 선택에 의해 만들어지는 개별적 생애사들로 바뀌어 가고 있다. 이러한 개인화 경향과 개별적 선택은 결혼-가족 연계의 다양성을 만들어 내고 있다. 결혼하는 사람들이 상당히 줄어든다거나 이혼률 증가, 저출산률이 나타나거나 혼외 출산, 동거 가족이 출현하거나 독신 생활의 증가 등을 통해 다양한 가족 형태가 나타나고 있다.

여성들의 생애사 또한 과거의 가족제도들로부터 덜 제한을 받게 되고 자신들의 자기표현을 할 수 있는 기회와 재정적으로 독립할 수 있는 기회가 점차 많아지게 되었다. 이러한 변화하는 상황들 덕택으로 여성들의 정치적 요구가 등장하게 되고 이는 2차 페미니스트 운동이 성장하는 밑거름으로 작용하였다. 이에 따라 남녀 평등이나 여성의 권리와 관련된 법적인 제도들이 마련하게 되었고, 가정에서도 탈권위화 과정이 진행되면서 점차 양성 평등의 방향으로 진행되고 있는 중이다.

2-2. 계급정치의 약화와 인정정치(politics of recognition)의 확대

서구 유럽의 정치 문화에서 문화적 이슈들이 거세게 등장하고 있다. 산업사회에서 성장의 재분배를 둘러싼 계급적 문제보다 비경제적 이슈 혹은 개인적 자유와 관련된 문화적 담론이 점차 중요해지고 있다. 제조업 근로자들의 복지를 제공하는 데 대한 중요성은 상대적으로 감소되고, 보다 다양하고 광범위한 위험들과 불확실성에 대처하는 것에 대한 중요성은 증가하고 있다. 예로 환경문제, 젠더나 가족생활, 여성의 사회권, 게이 등의 이슈들은 점차 중요시되고 있다.

계급갈등은 물질적 부의 분배와 관련된 갈등이 되어 왔다. 서구사회에서 계급갈등은 선거를 통해 민주적으로 표출되어질 수 있도록 제도화되어 왔다. 사회계급들과 정치 정당들 간의 유대와 선거를 통한 경쟁이 계급정치의 주요한 부분을 이룬다. 과거 계급정치의 안정된 연대 유형은 노동자 계급이 진보 정당들을 지지하고 중산층은 보통 우파 정당들을 지지해 왔다. 이러한 계급 중심의 투표 행위가 변화하고 있다(Achberg, 2006). 사람들은 점차 자신들의 문화적 가치들에 따라 투표하고 있다. 그에 따라 노동계급은 이제 보수화되는 경향을 보이고 있는 반면, 중산층은 진보적 정치 성향을 보여 주고 있다. 이러한 투표 행위의 변화는 후기 근대사회에 있어서 새로운 정치적 문화의 형성과 관련 있는 것으로 파악하고 있다. 잉글하트에 있어서 이러한 정치적 문화의 형성은 후기 근대주의적 가치들의 확산에 토대를 두고 있다(Inglehart, 1997). 전후 풍요한 시대에 자라났던 젊은 세대들은 인종적, 문화적, 성적 다양성sexual diversity에 관용적이며 개인의 선택을 중시하는 새로운 가치들과 삶의 양식을 추구하였다. 그에 따라 개인적 자유, 자아실현, 문화적 다양성 등의 문화적 담론들이 정치적 영역에 확산되어 점차 주요한 정치적 이슈들이 되어 가고 있다.

사회운동과 사회갈등에 대한 최근의 학문적 연구들이 '인정recognition' (Taylor, 1994; Honneth, 1995), '다문화주의multiculturalism'(Taylor, 1994; Kymlicka,

1996), '인정/재분배recognition/redistribution'(Fraser, 1995; 1997; Young, 1997; Phillips, 1997)라는 개념에 주목하여 왔다. '인정'의 개념은 사회에서 소외된 집단들의 집합적 정체성을 확보하기 위한 투쟁을 나타내고 있다. 즉, 원주민, 여성, 장애인 게이와 레즈비언, 동물 등 과거에는 사회에서 보이지 않았던 집단들이 동등한 사회의 구성원으로 인정하고 그에 상응하는 권리를 갖게 해 달라는 사회운동 내지 정치적 요구들을 설명하는 개념이다. 이들 학자들은 과거 물질적 재분배를 둘러싸고 갈등이 이루어졌던 계급정치가 점차 약화되고 새로운 집합적 정체성 확보와 권리를 쟁취하기 위한 신사회운동 혹은 인정정치가 점차 확대되어 가고 있는 현상을 사회운동과 사회갈등 그리고 정치의 새로운 구조적 변화로 이해하고 있다.

기든스(1991) 또한 정치변화를 '해방적 정치emancipatory politics'와 '생활정치life politics'라는 구도하에 설명하고 있다. 그에 따르면 후기 근대사회로의 변화에 따라 사회적 성찰reflexivity이 확대되고 그에 따라 사람들은 다양한 삶의 양식을 선택하려는 욕구가 강해지게 되면서 예전보다 자신의 삶에서 더 많은 자율성을 요구한다. 이는 정치의 변화로 이어져서 과거 해방적 정치에서 생활정치로 바뀌게 된다. 해방정치는 삶의 기회들에 불리하게 영향을 미치는 제약들로부터 개인들이나 집단들을 해방시키는 것이며, 구체적으로 착취, 불평등, 억압을 감소시키는 것과 관련된다. 반면, 해방이 일정한 수준에 이르게 되면 생활정치가 점차 확대되는데 이는 정체성의 정치이면서 선택의 정치와 관련된다. 즉, 사회의 다양한 집단들이나 개인들이 자신들의 집합적, 개인적 정체성을 확보하고, 자신들의 삶의 선택들에 대한 인정을 얻기 위한 정치와 관련된다. 이러한 의미에서 생활정치는 '생활방식의 정치politics of life style'이다.

계급정치의 변화를 설명하는 이러한 학자들은 공통적으로 사회갈등의 영역이 확대되고, 저항의 형태가 달라지고 있으며, 새로운 집단적 정체성을 주장하는 집단들이 자신의 권리를 확대해 가는 현상에 주목하고 있다. 새로운 문화적 가치를 지향하는 집단들의 등장으로 정치활동이나 이슈의 영역이 확대되고 자신들의 투표를 통해 기존의 정치세력 배열구조를 변화시켜 나가는 과정을 이들 학자들은 공통적으로 개념화하고 있다.

2-3. 새로운 시민권의 등장

시민권은 사회의 정식 구성원이 된 사람들에게 부여하는 지위이다. 이러한 지위를 가진 모든 사람들은 권리와 의무에 있어서 평등한 것으로 이해되어져 왔다. 마샬Marshall(1965)은 시민권이 공민적civil, 정치적, 사회적 권리들로 분류될 수 있으며 사회에서 이러한 권리들이 어떻게 형성되어 사회 전체적으로 파급되어 갔는가를 보여 주었다. 이러한 의미에서 그의 이론은 사회 전체적 통합 과정에 대한 것이다. 완전한 시민권의 의무와 권리를 행사하기 위해서는 세 가지 형태의 시민권을 가져야 한다는 의미에서 시민권의 이러한 세 유형들은 상호 보완적이다.

후기 근대사회로 변화함에 따라 국가에 의해 단순히 부여된 지위로서의 시민권 개념은 도전을 받고 있다. 형식적인 시민권보다 실질적 시민권을 주장하는 사회의 취약 집단들이 시민권의 확대를 요구하고 있다. 원주민의 권리, 여성의 권리, 환경의 권리, 게이와 레즈비언들의 성적 권리sexual rights들부터 동물의 권리, 언어의 권리와 장애인들의 권리들에 이르기까지를 내세우면서 예전에 소외되어 있던 사람들이 사회의 구성원으로 인정해 달라고 주장하고 있다. 이들이 목표로 하는 시민권 주장은 단순한 법적 지위가 아니라 정치적으로 사회적으로 인정받는 집단이 되는 것이고 그러한 인정에 따른 경제적 재분배를 요구하는 시민권을 요구하는 것이다.

정체성과 차이에 기초한 이들의 다양한 투쟁들은 시민권 개념의 확대뿐 아니라 시민권 개념 그 자체와 국가와 시민 간의 관계에 대해서도 새로운 의미를 던져 주고 있다. 공공영역에서의 투쟁을 통한 시민권 획득은 새로운 시민권 개념을 만들어 낸다. 시민권은 단순한 법적 권리가 아니라 하나의 사회적 과정이 되어 버린다(Isin and Turner, 2002). 즉, 개인들과 사회집단들이 권리를 주장하고, 확대시키거나 혹은 상실하는 사회적 과정이 된다. 따라서 정치에 관여한다는 것은 실질적인 시민권을 행사한다는 것을 의미한다.

국가와 시민 간의 관계도 새롭게 변하고 있다(Johansson and Hvinden, 2006). 시민권이 구체적 행동을 통해 실천해 가는 과정으로 인식될 때, 시민은 더 이상 국가로부터 제공받는 급여와 서비스에 대해 수동적으로 반응하는 행위자가 아니다. 시민들은 능동적으로 성찰적 행동을 하면서 자신의 존재를 부각시키는 적극적 행위자들이다. 그들 자신의 전략을 짜고 기존의 공공영역으로부터의 배제에 저항하면서 자신의 복지를 향상시키는 능동적 행위자들이다. 시민이 선택을 할 수 있는 능력을 가진 행위 주체자로서 인식됨에 따라 복지국가와 시민 사이의 관계가 보다 역동적인 관계로 발전해 가고 있다. 그에 따라 시민들의 권리와 의무들을 재규정하는 중이며, 시민이 된다는 것이 무엇을 의미하며, 어떤 집단이나 개인들이 그러한 권리와 의무를 가질 수 있는지가 이슈로 부각되고 있다.

사회권의 성격도 변화하고 있다(Erickson and Matthews, 2003). 사회권은 일정한 수준의 경제적 생활을 국민이 할 수 있도록 보장해 주는 권리이다. 적당한 사회권의 내용은 최소한의 경제적 보장과 복지 혹은 교육, 주택, 건강에 대한 공공투자를 내용으로 한다. 이러한 사회권은 경제적 불평등을 지속적으로 만들어 내는 자본주의와 평등을 주장하는 시민들의 권리 사이에 타협의 한 형태로서 발전되어 왔다. 일정한 수준에서 국가가 자본주의 경제에 개입하여 국민들의 사회권을 확립함으로써 계급 간 불평등을 제도적으로 해소해 왔다.

계급 간 불평등 해소가 과거 사회권 확대의 주요 내용이었다면 새로운 사회권의 확대는 사회의 주류와 비주류 사이의 시민권적 격차를 완화시키는 데 초점을 두고 있다. 즉 여성, 원주민, 장애우처럼 사회적으로 취약한 집단들에게 경제적 생활뿐 아니라 공적 영역에 참여할 수 있도록 평등한 기회를 보장함으로써 그들이 사회로부터 존경과 인정을 받을 수 있는 집단이 되도록 하는 데 초점을 두고 있다. 이는 '적극적 시민권active citizenship'으로서 개념화되었으며(Hvinden and Halvorsen, 2001), 사회권을 통한 사회통합 방식이 계급 간 불평등 해소에서 다양한 관점과 문화의 차이로부터 비롯되는 시민권적 격차 해소로 변화되었음을 보여 주고 있다.

Ⅱ. 사회변동과
사회복지 정책에 있어서의 이슈들

제6장 근로빈곤층에 대한 지원

근로빈곤계층이 늘어나고 있다. 근로에 참여하고 있음에도 불구하고 여전히 가난에서 벗어나지 못하는 사람들이 증가하고 있다. 근로와 빈곤의 결합은 최근에 나타난 현상이다. 이러한 현상은 대체로 후기 산업화 현상에서 비롯된다(Bonoli, 2005). 산업화시대에는 저임금 근로자들이 제조업 분야에 주로 종사하였고, 기술 진보에 따른 생산성 증가로부터 오는 혜택을 볼 수 있었다. 그에 따라 임금이 증가할 수 있었고 고용은 빈곤으로부터 탈출할 수 있는 강력한 해결책이 될 수 있었다. 따라서 산업화 시대에 빈곤은 실업과 연계되어 있는 현상으로 주로 나타났다.

하지만 서비스 경제로의 전환과 저임금 국가들과의 무역 경쟁으로 인해 제조업 부문에서의 일자리는 줄어들고 있다. 오늘날 저임금 근로자들은 주로 서비스 부문에서 일한다. 호텔이나, 청소, 소매업 등과 같은 부가가치 창출이 낮은 서비스업에서는 생산성 증가에 따른 이점을 얻을 수 없다. 더구나 세계화와 기업의 구조조정 여파로 노동시장은 비정규직이 증가하는 추세다. 계약직, 임시직, 파트타임과 같은 일자리들은 늘어나는 반면 정규직 일자리는 점차 줄어들게 되었다. 많은 저임금 근로자들이 서비스 부문에서 비정규직 일자리에 종사하게 되면서 빈곤은 근로와 연계되기 시작되었다.

1990년대 후반부터 일자리를 갖고 있는 사람들 중에서도 빈곤에 처할 수 있다는 인식이 확대되었다. 그에 따라 근로빈곤은 2003년 유럽연합(EU)에 의해 공식적으로 새로운 사회적 위험New Social Risk으로 인정되었고(European Commission, 2004), 미국과 한국을 위시한 다른 나라들에서도 이들 빈곤계층은 사회정책의 주요한 대상이 되어 가고 있다.

1. 근로빈곤층은 누구인가?

근로빈곤층을 정의하기란 쉽지 않다. 용어상으로만 보면 근로를 하면서 빈곤 상태에 처한 사람들을 나타내기 때문에, 저임금을 받는 사람들을 지칭하는 것처럼 보인다. 하지만 문제는 한 개인의 임금이나 소득이 적다고 해서 자동적으로 빈곤층이 되지 않는다는 데 있다. 저임금 근로자들이 근로빈곤층이 될 확률은 상대적으로 높지만 빈곤은 기본적으로 가구 전체의 소득과 관련된 사항이다. 따라서 저임금을 받는다고 하더라도 가족 중에 소득이 있는 사람이 있고 가구 전체적으로 빈곤하지 않다면 이 저임금 근로자는 빈곤층으로 분류되지 않는다. 이는 근로빈곤이 저임금과 빈곤이라는 두 개의 상이한 범주의 결합이라는 것을 말해 준다. 즉, 저임금은 한 개인의 고용 지위와 관련된 사항이지만 빈곤은 가구 전체의 소득과 관련된 사항이다. 따라서 근로빈곤이란 개념은 고용과 관련한 개인적 상황과 가구의 재정 상황이 동시에 고려되어야만 하는 범주인 것이다.

이처럼 두 개의 상이한 범주들의 결합이기 때문에 근로빈곤층을 실증적으로 파악하기가 쉽지 않다. 그 이유는 나라들마다 개인의 근로 상황과 가족의 빈곤 상황을 측정하는 방식이 다르기 때문이다. 근로 상황과 관련해서 누구를 근로자로 볼 것인지가 나라마다 다르다. 빈곤근로계층은 대체로 유동적인 노동시장 지위를 갖고 있는 사람들이다. 따라서 전일제로 일하는 사람들을 대상으로 할 것인지 부분근로나 일주일에 한 시간만 일하는 근로자도 포함시킬 것인지, 현재는 실업 상태에 있지만 적극적으로 일자리를 알아보는 사람들도 포함시킬지 여부에 따라 빈곤근로계층의 규모가 달라질 수 있다. 또한 빈곤도 절대적인 빈곤의 입장에서 측정할 것인지 상대적인 입장에서 파악할 것인지에 따라서도 빈곤근로계층의 규모가 달라질 수 있다. 예로 미국 정부(BLS: The U.S. Bureau of Labor Statistics)는 빈곤근로계층을 빈곤선 이하이면서 일 년에 적어도 27주간 일하였거나 일자리를 모색한 근로자로 정의하고 있다. 이러한 정의로 분류된 근로빈곤계층은 1987, 1990, 1994년도의 자료를 토대로 도출된 비율은 성인 근로계층 전체의 5.5에서 5.9%에 이른다(Acs, et. al., 2000). 한국의 한 연구에서는 빈곤근로계층을 10.0% 내외로 파악하였는데, 이는 현재 취업하고 있는 근로자이면서 상대적 빈곤의 방식으로 측정한 수치였다(김교성, 최영, 2006). 미국 정부와 같이 적어도 27주간 일한 근로자들을 대상으로 하였다면 좀더 그 수치는 내려갔을 것이다. 따라서 근로빈곤계층이 어떻게 정의되고 측정되느냐에 따라 그 집단의 규모와 구성, 정책적 개입의 성격에 영향을 미치게 된다.

2. 누가 근로빈곤층에 속하는가

위에서 언급했듯이 근로빈곤 개념은 근로의 특성과 가구 특성이 결합된 범주이다. 이는 근로빈곤 상황으로 진입할 수 있는 다양한 경로가 존재할 수 있음을 시사한다. 근로 소득, 비정규직, 근로시간 등 다양한 근로의 특성들과 가구 구조의 많은 특성들이 만들어 내는 다양한 배합이 존재하기 때문이다. 이러한 이유로 근로빈곤 집단은 어느 국가이든 상당히 이질적인 집단으로 구성되어 있다. 최근 유럽연합 차원의 한 연구에서는 이러한 이질적 집단의 특성을 파악하기 위해 네 가지 기준을 제시하고 있다(Peña-Casas and Latta, 2004) : 1)저임금low pay 2)가구 특징 3)고용의 질 quality of employment 4) 개인적 특징들.

2-1. 저임금

저임금 근로자들이 주로 근로빈곤계층의 대부분을 형성할까? 한 개인의 소득 정도는 빈곤으로부터 탈출하는 주요한 요인이며 그가 속한 가구도 빈곤에 대처할 수 있는 능력을 강화시킨다. 하지만 일반적으로 저임금 근로자들이 근로빈곤계층의 많은 부분을 설명하리라는 예측은 경험적으로 뒷받침되지 않는다. 저임금이 빈곤의 원인이 되기 위해서는 가구 소득자가 저임금 근로자 한 사람일 경우에만 그 가능성이 높아지기 때문이다. 또한 여성 저임금 근로자의 경우는 배우자의 소득이 있기 때문에 근로빈곤에 처할 확률이 낮다.

그럼에도 불구하고 최근의 한 연구는 유럽 전체 저임금 근로자 중에 약 20%가 근로빈곤계층으로 보고하고 있다(Malier, 2000). 유럽 전체 고용자의 빈곤률이 약 8%인 것을 감안한다면 저임금 근로자들이 빈곤에 처할 위험이 상당히 높다는 것을 보여 준다. 그리스, 이탈리아, 독일의 경우 이러한 위험이 상당히 높게 나타나는 반면, 덴마크나 아일랜드의 경우에는 상대적으로 적게 나타나고 있다(Marlier, 2000). 이러한 통계는 주당 적어도 15시간 이상 근로한 사람들을 대상으로 조사하여 나온 것이기 때문에 이보다 적게 일하는 저임금 근로자들을 포함하면 빈곤에 처할 위험은 더욱 높게 나타날 것이다.

2-2. 가구 특징

스트렝만-쿤(Strengmann-Kuhn, 2002)은 근로빈곤자가 되는 두 방식, 저임금과 가구 구성에 주목하고 있다. 첫 번째 방식은 저임금이 주로 문제가 되어 근로빈곤으로 발전하는 경우이다. 어떤 개인이 저임금을 받고 가구 내의 다른 사람의 소득이나 국가의 이전 소득에 의한 지원을 받는다 하더라도 여전히 빈곤하게 되는 경우이다. 이 경우 근로빈곤의 주 원인이 저임금으로부터 비롯된다. 두 번째 방식은 가구 구성이 문제가 되어 빈곤으로 발전하는 경우이다. 즉, 자신의 소득은 빈곤을 탈피하기에 충분하지만 가구 구성 때문에 여전히 빈곤하게 되는 경우이며, 이런 경우에는 근로빈곤의 주 원인이 가구에 있다.

근로빈곤으로 발전하는 이 두 경로 중에 어느 것이 보다 일반적으로 나타날까? 스트렝만-쿤의 경험적 연구(Strengmann-Kuhn, 2002)에 의하면 근로빈곤으로 발전하는 주 경로는 저임금보다는 가구 구성에 있다. 유럽연합의 14개 국가들 중에 9개 국가에서 근로빈곤층의 80-90%가 가구 요인과 관련 있었다. 반면, 독일, 영국, 덴마크와 같은 나라들에서는 저임금도 상당한 영향력을 미치는 것으로 나타났다. 근로빈곤층의 40%가 저임금 요인과 관련되었다.

가구 요인이 근로빈곤의 주요한 요인이라면 어떤 형태의 가구가 빈곤에 처할 위험이 높을까? 유럽에서의 경험적 연구들에 의하면 다음 다섯 가지 형태의 가구들이 근로빈곤에 처할 위험이 높은 것으로 나타났다(Peña-Casas and Latta, 2004; Marx and Verbist, 1998; European Commission, 2002). 첫째로, 실업자나 잠재 실업자가 가구 구성원인 경우, 둘째, 한부모 가구, 셋째, 아이들이 많은 가구, 넷째, 가구 구성원 중에 성인들의 교육 수준이 낮은 가구, 다섯째, 독거 가구이다. 미국을 대상으로 한 연구에서도 가구 내 취업인 수, 한부모 가구주 여부, 보살핌을 받아야 할 아동 수, 교육 여부가 근로빈곤 가구의 주요한 특성으로 지적하고 있다(Acs, et. al., 2000).

2-3. 고용의 질(Quality of Employment)

후기 산업화와 국제 경쟁의 강화로 인해 노동시장이 변화하게 됨에 따라 고용의 질이 하락하게 되었다. 대부분의 서구 유럽 국가들에서 고용의 질의 하락에 영향을 미쳤던 구체적인 요인은 1)근로시간 단축(부분근로 혹은 단기계약과 같은), 2) 근로자의 지위 하락(안정된 직장, 정규 근로시간, 생활을 영위할 수 있는 임금, 근로시간, 사회적 권리들 간의 연계가 점차 약화), 3) 서비스 부문에서의 저임금으로 보고되고 있다(Desmarez, 2000).

고용의 질이 하락해가는 근로 환경하에서 특히 근로빈곤의 위험에 취약한 집단은, 자영업, 부분근로part-time work, 비영구직 고용non-permanent employment의 세 형태의 고용 지위들이다(Peña-Casas and Latta, 2004). 유럽연합에서 모든 근로자들의 약 13%가 자영업에 종사하고 있다. 또 다른 13% 정도가 비영구직 고용계약 조건하에서 일하고 있으며, 약 18%는 부분근로제로 일하고 있는 실정이다(European Commission, 2003).

대부분의 나라에서 자영업은 빈곤에 처할 확률이 높다(Peña-Casas and Latta, 2004). 이는 자영업이 바람직한 일자리로서 대안이 되지 못한다는 것을 의미한다. 하지만 자영업이 빈곤에 취약한 집단이 되는 이유는 그리 간단하지 않다. 자영업이 수입을 제대로 조세 당국에 보고하지 않아 그들의 경제 상태가 저평가될 가능성도 있으며(Jansson, 1998), 또한 자영업자 중에는 농업 직종의 비율이 많아서 위험에 처할 확률이 높아질 수도 있다. 예로 미국은 1차 산업(농업,임업,어업)에 종사하는 근로자들의 18%가 빈곤층에 속하고 있으며(Kim, 1999), 프랑스에서는 근로빈곤층의 22%가 농업에 종사하고 있다(Peña-Casas and Latta, 2004).

유럽연합 국가들 전체를 통해 부분근로자들은 전일제 근로자들보다 임금, 훈련 기회, 승진 등에 있어서 열등한 대우를 받고 있으며 충분한 사회보상이나 연금권을 받지 못하고 있다(Gallie, 2002). 결과적으로 부분근로는 전일제보다 근로빈곤에 처할 위험이 높고 보다 나은 고용상태로의 이전이 어려운 것으로 나타난다. 한 연구에 따르면 1994년 유럽연합에서 적극적 빈곤층(the active poor: 지난 6개월간 일자리를 알아보았거나 일을 한 경험을 한 빈곤층)의 약 13%가 부분근로를 하는 사람들이었다. 또한 부분근로를 하는 사람들 중 43%가 4년이 지난 다음에도 고용상태가 개선되지 않고 여전히 부분근로를 하고 있는 것으로 나타났다(Peña-Casas and Latta, 2004).

임시근로나 파견근로 같은 비영구 고용의 형태 또한 개인의 소득이나 직장 보호, 사회보장의 정도에 상당히 부정적 영향을 미치고 있다. 비슷한 교육 정도를 가진 사람들끼리도 비영구적 고용 형태를 가진 사람들의 경우 임금이 안정적 고용 형태를 가진 사람들의 임금보다 낮다(Booth et. al., 2000). 지속적 고용의 불확실성이나 불충분한 소득은 전반적인 삶의 질을 하락시켜 사회적 배제의 위험을 증가시키게 된다(Goudswaard et. al., 2002). 더욱이 이들은 고용과 실업을 오가기 때문에 비정규 고용 형태를 탈피하여 장기적 전일제 고용 형태를 갖기가 쉽지 않다(Storrie, 2002).

2-4. 개인적 특징

개인적 특성들과 관련해서는 젠더, 교육, 연령과 같은 요인들이다.

유럽연합의 가구 패널 조사에서 나온 자료(ECHP: European Community Household Panel)에 따르면 14개 국가들 중 9개 국가들에서 여성들이 근로빈곤층이 될 위험이 높은 것으로 나타났다(Peña-Casas and Latta, 2004). 여성은 남자들보다 소득이 적으며, 더욱이 부양해야 할 아이들이 많은 저숙련 여성의 경우 그들의 소득 능력이 심각히 감소되는 것으로 나타났다. 낮은 수준의 교육을 받은 근로자들은 비정규직 형태의 일자리와 저임금을 받게 되고 때로는 실업 상태에 빠질 가능성이 많다(OECD, 1997). 또한 연령과 관련해서는 근로를 시작하는 시기와 은퇴하는 시기에 즈음에서 근로빈곤의 위험에 처할 확률이 높은 것으로 나타나고 있다(Peña-Casas and Latta, 2004). 이러한 요인들 외에도 이민자들이나 소수 인종들은 유럽의 모든 나라들에서 근로빈곤에 처할 위험이 점차 높아지고 있다(Peña-Casas and Latta, 2004).

3. 정책적 개입

근로빈곤 현상에 관련된 정책들은 매우 다양하다. 대체로 그 정책 영역은 복지급여, 노동시장제도, 세제를 통한 지원의 세 가지로 분류될 수 있다. 복지급여에는 실업급여, 가족수당, 아동수당, 주택수당, 공공부조 등 다양한 형태의 이전 소득을 통한 지원이 근로빈곤을 직, 간접적으로 완화시킬 수 있는 정책도구들이 된다. 노동시장제도에는 최저임금제, 임금 협상제도, 고용 보호, 고용주에 대한 임금 지원 등이 저임금을 일정한 수준 이상으로 끌어올릴 수 있는 제도로서 기능하고 있다. 세제를 통한 지원은 일정한 수준의 근로를 조건으로 근로빈곤 가구를 재정적으로 뒷받침하는 정책이다.

이러한 세 영역의 다양한 정책들을 일일이 기술하기에는 많은 지면을 할애해야 하며, 또한 이러한 정책들이 근로빈곤 완화를 구체적 목표로 설정된 것은 아니다. 이보다는 최근의 서구 유럽의 정책 경향으로서 '근로를 통한 지원 정책(Making Work Pay Policy: MWP)'을 설명하려고 한다. 이 또한 근로빈곤 완화를 목표로 도입된 것은 아니지만 저임금을 끌어올려 근로 동기를 강화하는 것에 초점이 있기 때문에 근로빈곤 완화에 상당한 영향력을 가진다.

MWP 정책은 고용에 장애가 될 수 있는 관대한 사회복지급여 체계를 축소시키고 고용을 조건부로 재정적 지원을 하는 것을 골자로 하고 있다. 이는 세계화와 후기 산업화에 따른 국제 경쟁력 확보와 재정적 압박이라는 정책 환경하에서 세제와 복지급여 시스템을 고용 친화적으로 개혁하기 위한 것이다. MWP 정책은 미국, 영국, 호주와 많은 다른 OECD 회원국들에서 채택되고 있고 점차 다른 나라들로 확산되어 가는 중이다.

MWP의 정책 목표들은 나라들마다 강조점에 따라 차이가 나며 대체로 다음 세 가지 목표들이 반복되어서 나타나고 있다. 1)저소득 가정에 대한 지원 제공, 2)아동빈곤 경감, 3)고용 증진(Duncan, 2003). 또한 MWP는 동일한 정책도구들로 구성되어 있지 않으며 나라들마다 다양한 모습을 보이고 있다. 하지만 MWP 프로그램의 목적이 근로자와 비근로자 간의 소득 격차를 확대시켜 고용을 확대하는 것이기 때문에 근로를 통한 소득 지원이 주요 정책 수단이며 그 방식은 세제를 통해 이루어진다.

세제를 통한 소득 지원은 대체로 두 가지 범주들로 나누어진다. 하나는 저임금 근로자들에 대한 세금 감면과 또 하나는 저임금 가구나 개인들을 지원하기 위한 보전세제tax credit이다. 저임금 근로자들이 세금 감면을 받았을 때 근로빈곤의 현상을 얼마만큼 완화시킬 수 있는가는 잘 알려져 있지 않다(Peña-Casas and Latta, 2004). 하지만 근로빈곤 가구들에게 세금 감면이 도움이 될 것이라는 것은 명확하며, 모든 유럽 국가들이 저임금 가구들에 대한 세금 감면 조치를 최근에 시행하고 있다는 것이 그 반증이 된다.

보전세제는 저소득층의 세금 부담을 줄여 주고 더 나아가 근로소득이 일정 수준 이하인 가구에 대해 현금 급여를 제공하는 제도이다. 구체적으로 이 제도는 근로소득 수준에 따른 가구별 공제액을 설정한 후 해당 가구가 납부해야 할 세금이 공제액보다 많은 경우에는 그 차액만큼 세금으로 납부하지만 반대로 공제액보다 납부해야 할 세금이 적은 경우에는 오히려 차액만큼 현금으로 지급한다. 후자의 경우 조세제도를 통해 저임금 근로자들의 소득을 지원하고 근로 의욕을 증진시키기 위한 복지급여의 성격을 띠게 된다.

보전세제를 제일 처음 도입한 나라는 미국이며 1975년 이후부터 시행해 왔다. 하지만, 초창기에는 그다지 중요하지 않은 제도로서 기능하였지만, 1990년대에 들어서 저소득 가정의 소득 증진에 매우 중요한 기능을 하고 있다. 1999년에 두 아이 이상을 가진 가족들의 경우 그들의 소득이 30,095달러 미만이었을 때 세제 혜택을 볼 수 있고, 한 아이만 가지는 경우에는 26,473달러, 아이가 없는 경우 10,030달러 미만으로 벌었을 때 혜택을 받게 된다. 혜택은 일정한 소득수준에 이를 때까지는 일을 많이 해 근로소득이 높아질수록 정부가 더 많은 지원금을 제공하지만, 점차 소득이 증가함에 따라 지원금이 축소되는 구조로 디자인되어 있다.

영국의 경우도 미국의 '근로소득보전세제(Earned Income Tax Credit: EITC)'를 본받아 1999년에 '근로가정보전세제(Working Family Tax Credit: WFTC)'를 도입하여 근로빈곤 경감과 고용 유인을 증가시키려고 하였다. WFTC는 일반적으로 고용주에게 지급되며 근로를 통한 세제 지원과 아동 지원의 성격을 갖고 있다. 프랑스도 근로빈곤과 고용증진을 목적으로 한 PPE(Prime Pour l'Emploi)라는 보전세제를 조스팽의 좌파 내각에서 도입되었다. 이러한 세제 혜택을 받기 위해서는 가족 중 적어도 한 사람이 근로를 해야만 하며 가족 소득이 일정한 수준 이하인 경우(아이들 숫자에 따라 수준이 달라짐) 혜택을 받도록 하고 있다.

세 나라의 보전세제를 상호 비교한 한 연구에 따르면, 영국의 WFTC

는 다른 두 나라의 그것들과 비교해 대상 인구 면에서 훨씬 제한되어 있다(Cahuc, 2001, Peña-Casas and Latta, 2004에서 재인용). 이는 대상 인구가 목표화되어 있음을 보여 주는 것이다. 영국의 경우는 20가구 중 한 가구만이 WFTC의 혜택을 받는 반면, 미국은 5가구 중 1가구, 프랑스는 4가구 중 1가구가 혜택을 받는다.

보전세제 프로그램이 가구 소득 증진에 미치는 효과를 살펴보면 프랑스의 PPE는 저소득층의 소득 증진에 별로 효과가 없지만 관대한 급여를 특징으로 하면서 그 효과는 소득 분포의 중간에 위치해 있는 계층에 유리한 것으로 나타난다(Cahuc, 2001, Peña-Casas and Latta, 2004에서 재인용). 예로, 2001년에 부부가 최저임금으로 근로하면서 두 자녀를 가진 경우 미국의 EITC는 임금 소득의 40%에 가까운 소득 향상 효과를 가지고, 영국의 WFTC의 경우는 160%에 상당하는 소득이 증진되며, 반면 프랑스의 PPE의 혜택은 2.2%에 그치고 있다. 이는 프랑스의 PPE가 근로빈곤 완화에 별다른 효과를 가지고 있지 못하다는 것을 보여 준다(Cahuc, 2001, Peña-Casas and Latta, 2004에서 재인용). 보전세제는 현재 미국과 영국 프랑스 외에도 뉴질랜드 캐나다 등에서 시행되고 있는 중이며, 한국도 2008년부터 시행될 예정이다.

보전세제가 MWP 정책의 근간을 이루고 있지만 최저임금제 또한 MWP 정책의 효율성을 높이는 정책도구이다. 최저임금제는 임금의 최저 수준을 정하여 사용자에게 그 이상의 임금을 지급하도록 법으로 강제하는 제도이다. 이는 저임금 근로자들의 소득을 일정 수준 보장하는 제도이기 때문에 근로빈곤 경감에 일정한 영향력을 가진다. 하지만, 이 제도는 빈곤 가구를 대상으로 하는 것이 아니라 저임금 근로자들 전체를 대상으로 하기 때문에 근로빈곤 경감 효과가 제한될 수 있다. 가난하지 않은 가구의 저임금 근로자도 혜택을 받기 때문이다. 따라서 미국이나 캐나다같이 전일제로 일하면서도 근로빈곤층이 두터운 나라들에서는 최저임금제가 효과적인 정책도구로 작용한다(Saunders, 2006).

제7장 장애우의 주류화 정책

1. 장애 개념의 발전

'장애'라는 용어는 모호하며 그 범주가 명확하지 않다. 장애 개념을 정의함에 있어 중요한 바는 장애를 어떻게 인식하는가에 있다. 일반적으로 장애를 인식하는 방식은 다음과 같이 구분된다. 첫째, 장애우 스스로가 장애를 지각하는 개인적인 차원에서의 개념이다. 둘째, 국가가 장애 및 장애의 범주로서 인정하는 공식적인 차원에서의 개념이다. 셋째, 사회 · 문화적으로 인식되는 사회적인 차원에서의 장애 개념이다. 넷째, 개인적으로 어떤 어려움을 경험함으로써 인식하게 되는 장애 개념이다. 다섯째, 사회에서 장애 관련 시민단체를 형성하여 요구하는 장애 개념이다.

장애정의와 장애우가 스스로를 인식하는 방식은 어렵고도 복잡한 문제이다. 이처럼 '장애' 용어가 중요한 까닭은, 용어 그 차제의 의미보다는 인지적 측면에서의 고정관념과 정서적 측면에서의 편견, 그리고 행동적 측면에서의 차별로 인해 불이익을 경험하기 때문이다. 예를 들어, 장애가 있다고 하면 사람들은 정상normal이지 않다는 고정관념을 갖는다. 따라서 장애우는 도움을 받아야 하는 존재라는 동정적인 편견의 인식으로 비춰진다. 이로 인해 교육, 취업, 결혼을 비롯한 사회의 모든 활동에서 차별을 받게 마련이다. 그렇기 때문에 장애와 관련한 용어는 어감상 불쾌감보다도 인권 및 생존권의 문제가 결부되기 때문에 중요하다.

장애 개념은 역사적으로 개인적인 차원의 개념으로부터 사회의 환경과 책임을 강조하는 방향으로 전개되어 왔다. 개인적인 문제로만 인식되던 장애 개념은 '손상impairment'과 '장애disability' 간의 인과적인 관계를 고려하는 개념으로 전개되었으며, 그 이후 사회적 환경과 책임을 강조하는 개념으로 발전되어 왔다. 유엔(UN)에 의한 장애 개념 정의와 함께 유엔 산하 세계보건기구(WTO)가 발표한 '국제장애분류(ICIDH)' 및 '국제장애분류-2(ICIDH-2)'로의 개념상의 변화와 그 의미를 살펴보면 다음과 같다.

유엔(UN)은 1975년 '장애인권리선언'에서 장애우를 '선천적이든 후천적이든 신체적 및 정신적 능력이 불완전함으로 인해 일상의 개인적 또는 사회적 생활에서 필요한 것을 본인 스스로는 완전히 또는 부분적으로 확보할 수 없는 사람'이라 정의하고 있다. 또한 1980년 '세계장애우의 해 행동계획'을 채택함으로써 개인적인 특징인 '손상impairment', 손상으로 인한 기능적 제한인 '장애disability', 장애의 사회적 결과인 '사회적 장애handicap' 간의 구별을 강조하였다. 아울러 환경이 개인의 일상생활에서 손상의 정도를 결정하기 때문에 개인과 환경 간의 관계 속에서 장애를 파악해야 한다고 명시하고 있다.

유엔 산하 세계보건기구는 '국제장애분류'에서 장애우에 대한 개념적 틀을 발표하였다(WHO, 1980). 이는 '세계 장애우의 해 행동계획'에서 구분했던 장애의 세 가지 차원, '손상', '장애', '사회적 장애'를 기준으로 장애우의 개념을 정의한 것이다. 손상은 '심리적 · 생리적 · 해부학적인 구조나 기능의 손실 혹은 비정상'을 의미한다. 장애는 '손상으로부터 야기된 것으로서 정상적인 것으로 간주되는 범위 내에서 혹은 그러한 방식으로 활동을 수행하는 능력의 제약 또는 결핍'을 의미한다. 사회적 장애는 '손상이나 장애로부터 야기되는 것으로서 연령, 성, 사회문화적 요인에 따라 정상적인 역할 수행의 제약 또는 방해받는 개인에 대한 불이익'을 의미한다.

국제장애분류에서는 손상, 장애, 사회적 장애라고 명명되는 세 가지 분리된 형태가 인과적으로 연결된 요소들로 구성된다. 질병이나 여타의 이상에 의해 야기된 손상은 장애를 가져오고, 또한 장애는 인과적으로 사회적 장애를 유발하는 원인이 된다는 것이다. 일례로, 시각장애는 책을 읽기 어려운 것과 같은 장애를 야기하는 시각의 손상이다. 그리고 어떤 경우에는 손상이 장애로 이어지지는 않지만 사회적 장애를 유발할 수도 있다. 따라서 손상과 장애 및 사회적 장애는 단선적인 인과관계로서 연계되어 있는 것이다.

한편, 세계보건기구에 의한 장애 규정에서 새로운 것은 'Handicap'의 해석에 있다. 이는 손상 및 장애와 연계되는 사회적 영향을 드러낸다. 사회적 장애Handicap는 장애우와 그들이 속한 환경 간의 관계이다. 이는 다른 보통의 사람들이 이용할 수 있는 사회의 다양한 체계들에 대해 장애우로 하여금 접근을 방해하는 신체적, 문화적 혹은 사회적 장애물을 직면하는 때에 발생한다. 그러므로 사회적 장애는 다른 사람들과 동등한 수준으로 공동체의 삶에 참여하는 기회에 대한 상실 혹은 제한인 것이다.

이러한 정의는 장애가 사회적 구성이라는 인식을 반영한다. 사회에서 몇 가지 손상의 경우엔 사회에서 개인에게 큰 불리함과 사회적 낙인이 찍히기도 하지만, 반면에 다른 경우엔 그렇지가 않다. 일부는 장애로 고려되지만, 일부는 그렇지 않은 것이다. 국제장애분류는 장애우에 대한 개인적, 사회적 및 환경적 요인들을 모두 인식함으로써, 재활은 기능적인 제한으로 축소시키면서 사회정책은 환경적인 맥락—문화, 제도, 시설 등—을 고려하여 변경시켜야만 한다는 사실을 주지하고 있다. 이러한 정의는 장애의 사회적 의미를 정확히 담고 있는 것으로 그 가치가 높이 평가되고 있다.

그러나 국제장애분류상 정의는 많은 사회과학자들에게 호의적인 것이지만, 장애우 관련 소식으로부터 상당한 비판을 유발하였다. 첫째, 이와 같은 접근은 근본적으로 의학적 정의에 의존하며, 정상에 대한 생리적인 정의들을 사용한다. 둘째, 손상이 장애 및 사회적 장애의 원인으로서 판정된다. 셋째, 국제장애분류에서는 사회 · 경제 · 문화적 장애물이 손상을 가진 사람에 대한 사회적 배제에서 중요하다는 점을 간과한다는 것이다. 이와 같은 비판으로 인해 세계보건기구는 자체의 분류를 수정하여 '국제장애분류-2'를 발표한다.

국제장애분류-2(ICIDH-2)에서 장애는 신체적인 구조와 기능, 개인적인 활동 및 사회에서의 참여라는 세 가지 차원을 포함하는 포괄적인 개념이다. 기존 국제장애분류(ICIDH)에서 장애와 사회적 장애로 언급되던 것이 국제장애분류-2에서는 활동과 참여로서 명명된다. 이에 '손상'은 신체적인 구조나 생리적 혹은 심리적 기능의 상실이나 비정상으로 정의된다. '활동'은 개인적 수준에서의 기능 작용의 정도 및 특성으로 정의된다. 그리고 '참여'는 손상, 활동, 건강조건 및 환경요인과 관련하여 개인이 일상생활에 개입하는 정도와 특성으로 정의된다.

국제장애분류-2에서는 장애 정도를 결정하는 데 있어서 개인적 및 환경적인 요인들이 수행하는 중요한 역할을 보다 충분히 담고 있다. 이러한 개념에 따르면, 활동상의 제약이 없음에도 불구하고 손상을 가질 수가 있고 뚜렷한 손상이 없음에도 활동이 제한될 수 있는 것이다.

전술했던 장애 개념의 발전은 장애우에 대한 인식에서 획기적인 전환을 가져왔다. 이러한 인식의 전환은 장애를 바라보는 접근방식에서도 살펴볼 수가 있다. 다음 절에서는 장애를 바라보는 두 가지 다른 접근방식에 대하여 논의한다.

2. 장애에 대한 이론적 접근

장애우가 겪는 불이익에 대한 조처는 불이익의 원인이 무엇인가에 근거한다. 이에 불이익을 야기하는 것이 무엇인가에 대한 두 가지 다른 설명방식이 존재한다. 장애 연구의 이러한 두 가지 관점은 장애가 있음으로 인해 불이익을 야기하는 것이 무엇인가에 대한 서로 다른 설명방식이다. 장애의 의료적 모델은 개인의 신체적인 특징으로 장애를 설명하고, 반면에 사회적 모델은 사회조직의 특성에 의한 설명을 통해 장애를 바라본다. 아래의 〈표 1〉은 이처럼 장애를 바라보는 두 가지 관점에 대한 특성을 항목별로 비교한 것이다.

〈표 1〉 장애의 두 가지 모델

구분 \ 모델	의료적 모델	사회적 모델
이론적 배경	개인비극이론(personal tragedy theory)	사회억압이론(social oppression theory)
문제의 소재	개인적인 문제(personal problem)	사회적인 문제(social problem)
해결책	개인적 치료(individual treatment)	사회적 행위(social action)
목표	의학적 치료(medicalization)	자립(self-help)
서비스 주체	전문가 주도(professional dominance)	개인적 책임 및 집합적 책임 (individual and collective responsibility)
판단 기준	전문가의 의견(expertise)	장애인의 경험(experience)
차별 근거	편견(prejudice)	차별(discrimination)
기본 관점	케어(care)	권리(rights)
장애인 역할	통제의 대상(control)	선택의 주체(choice)
권리 구제	개인적 적응(individual adjustment)	사회변화(social change)

자료: adapted from Oliver, Michael. (1996) *Understanding Disability: From Theory to Practice*, London : Macmillan.

2-1. 장애의 의료적 모델

장애의 의료적 모델은 개인의 신체적인 특징으로서 장애를 인식한다. 이에 의학적 개입으로 치료되어야만 하는 결함이나 질병으로 장애를 간주한다. 의료적 모델에서 장애와 관련된 문제는 개인에게 귀속되는 것인데, 개인적으로 치료가 가능하다면 장애에 따른 문제들은 존재하지 않는다. 따라서 사회는 장애우를 위한 편의를 제공해야 할 일차적인 책임이 없으며, 장애는 개인의 신체적 혹은 정신적인 손상에 따른 제한의 결과로서 사회적인 환경과는 무관한 것이다.

이러한 의료적 모델은 장애우로 하여금 스스로를 인식하는 방식에 영향을 미쳤다. 장애우는 장애가 있는 모든 사람의 문제가 정상적인 신체를 갖지 못한 것으로부터 기인한다는 부정적 인식을 내면화한다. 이에 장애우가 가진 손상이 그들로 하여금 사회활동에 참여하는 것을 제한하게끔 하는 결과로 귀결될 수가 있다. 이러한 사고는 장애우가 주류 사회로부터 배제되는 것에 이의를 제기하지 않게끔 하는 기제가 되는 것이다.

그러나 장애의 의료적 모델에 대하여 다음과 같은 비판이 제기된다. 첫째, 의료적 모델은 특정 개인의 손상이 그러한 개인의 활동에 영향을 미치는 경우에만 장애를 가진 것으로서 파악하기 때문에, 일상적 활동에 영향을 미칠 수 있는 많은 사회적 요인은 간과하게 된다. 둘째, 듣고 말하고 보는 것이 정상적인 것이라고 간주함으로써, 점자와 BSL(British Sign Language)[9]을 사용하는 것과 같은 활동은 비정상적인 것으로서 구분하여 제시하게 된다. 이처럼 장애의 의료적 모델이 간과하는 의도하지 않은 결과들이 제기됨으로 인해 장애를 바라보는 인식도 변화하여 왔다. 장애우는 손상을 가진 그대로 전혀 문제가 없으며, 이러한 장애우의 손상이 사회 속에서 장애가 되지 않도록 사회가 변화해야 한다는 것이다.

2-2. 장애의 사회적 모델

장애의 사회적 모델은 장애를 사회적, 환경적 및 이를 인식하는 태도의

9 British Sign Language(BSL)는 한정된 공간에서 움직이는 손의 형태, 얼굴표정, 몸동작을 사용하는 기호언어이다.

산물로서 파악한다. 이런 인식하에서 장애는 신체적 혹은 정신적 손상이 아닌, 환경적 요인으로 형성된 사회구조에 의해 나타난다. 그러한 환경요인에는 사회 속의 물리적 특징, 문화적 태도 및 사회적 행동, 제도화된 법률이나 절차, 공공기관의 관행 등이 포함된다. 이로 인해 장애우는 사회적인 제약으로서의 장애를 경험하게 된다. 이러한 제약은 접근불가능하게 구축된 환경, 지능과 사회능력에 대한 막연한 개념, 수화 사용에 대한 일반인의 무능, 점자로 읽을 내용의 부족함, 장애우에 대한 비우호적인 태도의 결과로써 발생하는 것이다.

사회적 모델에 따르면, 사회가 '장애' 혹은 '무능'을 창출 및 강화함으로써 실제로 장애우를 차별한다. 즉, 사회가 장애우에 대한 권리를 동등하게 보장하지 못함으로 인해 장애를 형성한다는 것이다. 이와 같은 제도적인 토대에서 장애우에 대한 억압이 형성된다고 파악함으로써 장애우에게 배타적이며 차별적인 사회 환경에 주목할 필요가 있다는 것이다. 층계는 휠체어를 이용하는 사람들의 출입을 제한하고, 인쇄된 글자는 시각장애우들에게 제한적이다. 그러므로 장애우가 주류 사회에 참여할 수 있도록 하기 위해서는 사회가 조직되는 방식이 변화해야만 한다는 것이다.

이러한 사회적 모델의 강점은 장애에 대한 책임이 개인이 아닌, 사회에 있다는 것이다. 의료적 모델이 장애 범주를 제시하기 위해 진단을 사용하는 반면, 사회적 모델은 개인의 욕구와 필요에 초점을 맞춘다. 이는 장애를 인식하는 태도와 물리적 · 제도적 장애물의 제거를 통해 평등한 토대에서 동등한 기회가 주어진다면, 장애우의 삶이 개선될 수 있음을 함축하고 있다. 그렇다 하더라도 손상과 생리적 차이의 존재를 거부하는 것은 아니다. 오히려 '정상'이라는 가치판단을 부여하지 않으면서 장애문제를 파악하고 그러한 측면으로 변화될 수 있는 방향에 중점을 둔다.

장애와 관련한 종래의 접근은 장애가 정상으로부터 벗어났다는 신념에 근거하였다. 이러한 상황에서 사회가 채택했던 정책방침은 재활에 관련된 것들이었다. 그러나 최근에는 이러한 '장애'와 '정상' 간의 관계가 변화한다. 개인들마다의 차이는 사회 속에서 당연하고 유익한 현상으로 강조되어야 마땅하다는 논리가 세계적 수준에서 인식되고 있다. 그러므로 인간 권리에 관심을 갖는 사회라면, 다수에 의해 구성된 인위적인 규범을 소수에게 강제하여서는 안 된다. 이러한 신념이 주어지면, 손상을 가진 개인이 직면하는 장애물이 더 이상 개인적인 장애로 연결되지 않고 모든 사람들에게 기회의 평등을 제공하지 못한 사회의 책임으로 연계된다.

이상에서 살펴본 바와 같이, 장애를 인식하는 이론적 관점이 의료적 모델에서 사회적 모델로 변화하고 있다. 이러한 변화는 시혜적인 복지담론에서 탈피하여 장애우의 권리와 사회통합을 이루어 가기 위한 사회적 인식 변화의 기본적인 밑거름이 되는 것이다. 다음 절에서는 장애우의 권리확대와 사회통합을 위한 장애우 주류화 정책 및 정책도구에 대하여 살펴볼 것이다.

3. 장애주류화 정책과 정책도구

최근의 장애정책은 과거의 재활 및 수용보호 체계로부터 권리증진을 위하여 보다 확대된 사회복지정책 및 전략과 결부시키는 방향으로 변화하고 있다. 이러한 변화는 사회구조적인 환경에 대한 장애우의 접근성을 증가시키고, 장애우에게 사회·경제적인 권리를 부여하는 정책으로 발전하고 있는 것이다. 일례로, 유럽연합(EU)은 1996년 7월 새로운 'Community Disability Strategy'를 통하여 권리에 근거한 장애전략을 채택한다. 이러한 새로운 접근은 자선보다는 권리, 인위적인 규범에 의한 강제적 조정보다는 차이에 대한 통합에 기초한다. 따라서 분리와 배제보다는 오히려 시민권 개념과 통합을 주장한다.

이와 함께 '암스테르담조약'과 '아젠다 2000'의 채택은 유럽연합 수준에서 장애 정책의 강화를 위한 강령 및 후속적인 정치적 계기를 제공하는 것이었다. 성명서에서는 일상의 모든 측면에서 장애우의 기회평등 및 사회참여를 제한하는 장애물의 제거에 초점을 맞추는 새로운 접근방식의 필요성을 강조한다. 새로운 장애전략은 장애우가 일상생활에서 직면하는 장애물에 대한 인식과 이해를 강화하는 것이다. 또한 유럽연합의 장애관련위원회는 장애 이슈들이 주류사회의 공동정책으로 통합되게끔 강화한다. 이러한 변화의 흐름은 '장애주류화 정책'으로 나타나고 있다.

3-1. 장애주류화 정책

'주류화main-streaming'는 사회적 인식에 대한 변화를 초래하는 한 방식으로서, 이를 통하여 포괄적인 사회를 형성할 수 있다. 여기에서 '포괄적인 사회inclusive society'가 의미하는 바는 '통합inclusion'에 다음과 같은 내용으로 구성된다. 우선, 통합은 모든 개인들이 유일무이한 존재라는 사실에 근거하고 있다. 이러한 통합의 목적은 어느 누구도 개인적인 차이로 인하여 배제되지 않는 사회환경을 구축하기 위한 것이다. 따라서 통합은 단순히 권리에 대한 이슈라기보다는 모든 사람들에게 급부benefits가 주어지는 것을 의미한다. 통합을 고려하고 계획하기 위하여 요구되는 토대는 모든 개인의 내부에 존재하는 잠재성을 실현하는 방향으로 삶의 방식이 다뤄지는 다양성을 인식하고 확대하는 것이다(Punani, Bhushan & Niki Maniam, 2005:7).

이처럼 통합에 기초한 포괄적인 사회를 형성하기 위한 과정이 '주류화'라고 할 수 있다. 이에 '주류화정책'은 평등과 차별금지를 보장하기 위한 접근방식인 것이다. 한편, 이러한 주류화의 접근방식은 장애우뿐만 아니라 이미 젠더 평등gender equality, 이민자, 종교적 소수자, 저숙련 노동자를 비롯하여 여타의 불리한 처지에 놓인 그룹에게 적용되던 것이 '장애주류화'로 확대된 개념이다.

'장애주류화'는 별도의 장애정책이 아닌, 모든 정책과 수단의 계획 속에서 장애우를 고려하는 것을 의미한다. 이는 일반적인 사회정책에 있어서 장애우의 욕구를 충족시켜 주는 정책과 조처 등이 제한되어서는 안 됨을 내포하고 있는 것이다(European Commission, 2005:3). 이와 같은 장애주류화의 원칙은 장애우가 갖는 특정한 욕구에 대한 체계적인 고려로서 정의된다. 여기에서 체계적인 고려라는 것은 고용촉진과 같은 정책상의 어떤 조치가 마련되어야 함을 의미하는 것이다.

3-2. 장애주류화 실현을 위한 정책도구

장애주류화는 어떠한 방법으로 그 실현이 가능한가. 시민사회 조직과 장애우 조직은 정부로 하여금 장애주류화를 위한 법령과 정책을 어떻게 변화시킬 수 있는가. 젠더 주류화$_{\text{mainstreaming gender}}$와 같은 다른 부문에서의 경험들이 장애에 어떻게 적용될 수 있을 것인가. 또한 시민사회 조직과 정부, 기증자$_{\text{donor}}$ 등은 주류화하기 위한 조직을 어떻게 원조할 것인가.

전술했던 장애에 대한 정책 관점의 변화는 장애우의 주류사회로의 참여를 제한하는 장애물이나 차별 등을 금지하려는 노력으로 이어진다. 장애우의 사회·경제적 활동을 보장할 수 있도록 다양한 형태로 지속되어 왔던 장애 차별 관련 사항들을 제도적으로 막고자 하는 것이다. 우선, 고용정책은 과거의 고용할당제나 재활 전략을 넘어 작업장 내 불평등의 근본적인 원인을 파악하기에 이르렀다. 둘째, 교육정책은 기회평등의 측면에서 장애우가 주류 교육제도에 진입하여 동등한 교육을 받을 권리가 있음이 인식되었다. 셋째, 시설물 환경에 대한 평등한 접근은 장애우의 기회평등을 실현하는 네 핵심적인 것이다. 사회·물리적인 장애물은 장애우의 사회적 및 경제적 성과를 축소함으로써 사회적 비용을 발생시키며, 접근이 어려운 장애물로 인하여 미고용 장애우에 대한 돌봄비용 역시 사회가 부담해야 한다.

장애우의 주류화를 실현하기 위한 국가들마다의 실현방식에는 차이가 있다. 하지만 일반적으로 장애주류화의 실현을 위한 정책도구로서 다음과 같은 주요한 과제들이 수반된다. 그것은 1) 정보$_{\text{information}}$와 인식$_{\text{awareness}}$, 2) 접근성$_{\text{access}}$과 접근가능성$_{\text{accessibility}}$, 3) 교육$_{\text{education}}$과 고용$_{\text{employment}}$, 4) 태도$_{\text{attitudes}}$와 문화$_{\text{culture}}$, 5) 정책$_{\text{policy}}$과 법령$_{\text{legislation}}$이 어떻게 구성되어 있

으며 또한 어떤 방향으로 변화되어야 하는가이다(Punani, Bhushan & Niki Maniam, 2005:10~11).

장애주류화를 실현하기 위한 과제를 극복하는 전략에는 다음과 같은 것들이 있다. 첫째, 장애우로 하여금 사회 속에서의 접근이 가능하도록 장애 제거barrier free의 환경을 형성하는 것이다. 둘째, 장애우 교육과 직업훈련 개선을 통해 노동시장에서의 장애우 고용을 확대하는 것이다. 셋째, 장애관련 정책 및 법률의 개선과 발전을 통해 제도적인 체계를 마련하는 것이다. 다음에서는 이러한 장애주류화의 실현을 위한 정책도구에 대하여 보다 자세히 살펴보고자 한다.

3-2-1. 접근가능성 확대

장애주류화를 실현하기 위해 가장 근본적으로 요구되는 정책도구는 접근이 가능한 사회구조를 확대해 가는 것이다. '접근가능한 사회'accessible society는 접근이 용이한 사회이다. 이는 모든 사람에게 사회에서 제공하는 급부benefit를 사용할 수 있는 권리가 주어진 사회를 의미한다. 그러나 접근가능성accessibility에 대해 제기되는 문제는 특정한 집단—예를 들어, 장애우, 고령자—에서 나타난다. 장애우와 고령자는 물리적 혹은 사회적 장애물로 인해 새로운 기술이나 서비스에 접근하기가 어렵기 때문이다. 여기에서 장애물barrier은 장애우나 고령자가 접근하기 어려운 건축 구조(계단, 문턱 등), 정보, 교통수단을 의미하며 또한 장애에 대한 고정관념, 편견, 오해까지도 포함하는 제약이다.

그렇지만 이러한 기술과 서비스는 장애우와 고령자로 하여금 물리적 혹은 사회적 장애물을 극복하는 데 도움이 되기도 한다. 일례로, '유니버설 디자인Universal Design'은 능력이나 장애의 정도에 상관없이 모든 사람이 실질적으로 모든 상품과 건축물을 사용할 수 있도록 하고자 고안된 접근방법이다. 이러한 유니버설 디자인은 건축물에 턱을 제거하고, 경사로를 만들며, 버스에 리프트lift를 설치하는 방식으로 접근성을 증대시킨다. 이와 같은 방식을 통하여 접근가능한 사회는 장애우를 비롯하여 사회 내의 모든 사람들에게 유용하다. 예를 들어, 휠체어 사용자를 위해 고안된 'curb cuts'는 유모차를 밀고 가는 사람, 배달원, 스케이트보드를 타는 사람도 편하고 쉽게 이용할 수 있는 것이다.

3-2-2. 장애우 고용증가

장애주류화를 실현하는 또 다른 정책도구는 장애우의 고용을 증가시키는 것이다. 장애우에게 있어, 노동시장에의 참여는 단순한 고용의 의미를 넘어서 장애우 스스로의 자립생활에 대한 의지이기도 하다. 최초로 정립된 '자립생활' 개념은 장애우가 선택의 권리를 가지고 있다는 것이다. 예를 들어, '아침에 몇 시에 일어날 것인가', '아침식사로 무엇을 먹을 것인가', '밤에 몇 시에 잠자리에 들 것인가', '어떤 친구와 친하게 지낼 것인가'와 같은 상황에서의 선택인 것이다. 두 번째 개념은 장애우가 사회에서 자립하여 생활하는 데 필요한 각종 서비스를 제공받을 권리가 있다는 것이다. 세 번째 개념은 장애우의 자기결정권self-determination이 자립생활에서 매우 중요하다는 것이다.

이와 같이 장애우의 고용은 장애우의 자립생활뿐만 아니라 장애우의 사회경제적인 권리확대에 매우 중대한 영향을 미친다고 할 수 있다. 따라서 장애우가 노동시장에 고용되는 것은 주류사회에 참여하여 포괄적인 사회를 형성해감을 의미하는 것이다.

3-2-3. 장애차별금지법 제정

장애주류화를 실현하기 위한 또 다른 정책도구는 장애관련 정책과 법령을 제정하는 것이다. 장애우 차별에 대한 보편적인 기준은 없다. 또한 기회평등에 대한 보편적인 정의도 없다. 따라서 장애우를 위한 보다 명확하고 실효성 있는 강력한 법이 요구되는 것이다. 이와 같은 장애차별금지법의 제정은 전 세계적인 추세이다.

장애문제에 대한 해결방식을 '권리'의 차원에서 접근함으로서, 세계 각국은 장애인에 대한 차별과 관련된 법제도를 개선하여 왔다. 대표적으로 미국은 재활법이 존재하였으나, 1990년 '미국장애인법(ADA)'을 제정하였다. 이러한 미국장애인법을 시발점으로 하여 1994년 이후에 호주, 영국, 캐나다, 홍콩 등을 비롯한 여러 나라에서 '장애인차별금지법(DDA)'을 제정하였으며, 2002년에 독일은 '장애인기회균등에관한법'을 제정하여 시행하고 있다.

한국의 경우에도 '장애인복지법'을 비롯한 장애관련 법률이 현행법으로서 존재한다. 그러나 이러한 종래의 법률들은 장애 차별의 문제를 장애우의 권리로서 접근하는 것이 아닌, 의료적 모델에 입각하여 접근함으로써 시혜적인 규정만을 담고 있다는 한계가 제기되어 왔다. 장애연구와 관련하여 전 세계적 추세는 '시혜 혹은 복지'에서 '권리', '자립생활', '장애인 본인의 자기결정권'을 중요시하는 방향으로 발전하고 있다. 이에 따라 한국에서도 지난 2007년 4월 '장애인차별금지및권리구제등에관한법률'(법률 제8341호)이 장애차별을 금지하고자 제정되었다.

제8장 은퇴소득체계의 재구성

1. 서론

현재 전 세계 노인의 수는 급증하고 있으며, 향후 50년 이내에 60세 이상 인구비율이 20%대로 늘어날 전망이다. 이러한 급격한 고령화 현상은 연금제도, 의료보장, 사회부조 등 기존의 사회복지제도에 대해 여러가지 심각한 문세점을 제기하고 있다. 그중에서도 은퇴 노인들이 더 이상 노후생활에 필요한 소득을 스스로 확보하기 어렵다는 점에서 은퇴소득 보장이 가장 큰 문제이다. 현재 대부분의 국가들이 다양한 형태의 공적연금제도를 도입하여 운영하고 있으나, 세계화와 맞물리면서 시장과 국가, 재정안정과 사회안정, 공적연금과 사적연금 사이에서 깊은 딜레마에 빠져 있다. 이 장에서는 공적연금제도를 중심으로 은퇴소득체계를 결정하는 데 있어서 고려해야 할 요인은 무엇이며, 은퇴소득체계의 재정방식에는 어떠한 것들이 있는지, 은퇴소득체계에 따르는 리스크는 무엇이며, 이러한 리스크에 대해 세계은행, 국제노동기구 등 국제기구들은 어떤 소득체계를 권장하는지, 그리고 최근의 연금개혁에서 나타나는 특징은 무엇인지를 살펴보도록 한다.

2. 은퇴소득체계 구성의 고려 요인

대부분의 국가들은 은퇴 노인들의 노후생활을 재정적으로 뒷받침해 주기 위해 은퇴소득체계를 마련하고 있다. 이러한 은퇴소득체계를 결정하는 데 있어 고려해야 할 중요한 세 가지 요인들이 있다. 첫째, 사회보장의 목표에 대한 국민들의 가치판단이다. 예컨대 자유롭게 선택하도록 할 것인지 아니면 가입을 강제적으로 의무화할 것인지, 혹은 은퇴 후 노후생활에 대한 책임을 강조할 것인지 아니면 사회의 집단책임을 강조할 것인지 등은 은퇴소득제도의 구조를 결정하는 데 매우 중요한 요인이다. 둘째, 사회보장제도를 운영하는 정부의 능력이다. 많은 국가들이 현재 연금제도 운영상의 심각한 문제점들을 안고 있는데, 이는 대부분 제도 설계 당시의 결함에서 비롯된 것이다. 정부의 능력을 고려하지 않고 처음부터 고급여-저부담의 설계를 할 경우 이후에 재정적 어려움에 봉착하게 된다. 따라서 정부의 능력에 비추어 성공적으로 운영될 수 있는 은퇴소득체계를 구성해야만 한다. 셋째, 은퇴소득과 관련된 외적 환경의 영향이다. 가령 저출산과 인구고령화로 노동력이 줄어들고 임금이 줄어들게 되면 부과방식의 사회보장재정은 바람직하지 않다(Turner, 1998:3-4).

3. 은퇴소득의 재정방식

국가가 퇴직 노인들의 안정적 노후생활을 뒷받침해 주기 위해 은퇴소득을 디자인하는 데 있어서 재정에 관한 사항은 가장 중요한 문제이다. 국가는 은퇴 후 노인들이 겪게 되는 리스크들을 완화시키기 위해 복잡한 보험방식을 제공하고 있다.

3-1. 적립방식 대 부과방식

적립방식은 가입자가 가입시 납부한 보험료와 기금에서 발생한 이식수입을 합한 총액을 적립하였다가 미래에 수급하게 되는 방식으로 흔히 '기금 저수지'에 비유된다. 이에 반해 부과방식은 가입자가 납부한 보험료로 현 은퇴자에게 급여를 지급하고 본인들은 미래의 경제활동인구의 보험료로 노후를 보장받는 방식이다. 따라서 부과방식은 세대간의 소득재분배 구조 형태를 띠고 있다.

적립식은 본인이 가입한 보험료를 미래에 급여로 받게 되는 구조이므로 적립된 기금을 안정적으로 운영할 수 있다. 하지만 인플레이션 등이 발생할 경우 기금의 실질가치가 감소될 위험이 있다. 부과식은 미래의 후세대가 납입한 보험료로 급여를 받게 되는 구조이므로 인플레이션과 같은 위험은 없지만 저출산으로 미래의 경제활동인구 자체가 감소할 경우 국가 재정상의 위험이 따른다(Borsch-Supan, 1998:7-8).

3-2. 확정급여방식 대 확정기여방식

확정기여방식은 기업과 근로자가 부담하는 기여부분을 미리 확정해

놓고 그 기여금과 수익이자를 합한 금액을 지급받는 방식이다. 따라서 사업주 입장에서 안정성이 확보된다. 이에 반해 확정급여방식은 근로자가 퇴직할 때 받게 되는 급여액을 미리 확정해 놓고 이에 필요한 재원을 부담하도록 하되 기여부분은 경제 또는 사회 상황에 따라 유동하는 방식이다. 따라서 근로자 입장에서 안정성이 확보된다고 할 수 있다.

확정기여식과 확정급여식이 모두 은퇴소득제도에서 중요한 역할을 하는 것이 사실이지만, 각각의 특징을 비교하는 것이 필요하다.

확정기여식에서는 근로자들이 투자의 리스크를 감내해야 한다. 근로자 급여가 그의 계좌 자산의 수익률과 연동되어 있기 때문에 퇴직 시점에 자산시장이 감소할 경우 근로자의 은퇴소득을 심대하게 감소시킬 수 있다. 또한 자신의 소득 변동으로 인한 연금리스크를 안고 있다. 예컨대 근로자가 해고되거나 소득 상실로 시달린다면 연금기여도 적어질 것이고, 그에 따라 미래의 은퇴급여도 적어질 것이다. 그리고 확정기여식에서는 은퇴 후 일시불로 받을 경우에 은퇴자가 기대수명 위험을 겪게 될 수 있다(Turner, 1998: 16).

확정급여식에서는 확정기여식에서와 같은 소득상 변동에서 비롯된 리스크는 부분적으로 보장된다. 그러나 확정급여식은 인구학적 리스크에 취약하다. 출산률이 떨어지거나 기대수명이 증가한다면 인구고령화는 자연히 증가하게 된다. 이러한 변화는 한편으로 노인들의 정치적 영향력을 증가시킬지는 모르지만 다른 한편으로 그들에게 급여를 제공할 비용을 증가시키게 된다. 이를 해결하기 위해서는 대체율을 줄이거나 기여율을 늘려야 하는데, 국제경쟁력이 강조되는 현실은 조세나 기여를 높이면서도 현재의 대체율 수준을 수용토록 놔두지 않는 실정이다. 이러한 이유로 최근 많은 국가들이 인구고령화와 경제성장 지체에 대응하여 확정급여식 사회보장제의 관대함을 축소시키고 있다(Turner, 1998:17).

4. 은퇴소득리스크

국가가 시행하는 다양한 은퇴소득체계는 각각의 리스크를 떠안고 있다. 연구자에 따라 차이는 있겠지만 공통적으로 지적되는 리스크에는 인구학적 리스크, 정치적 리스크, 자본시장 리스크, 가족 리스크가 있다(Börsch-Supan, 1997: 6). 먼저 인구학적 리스크는 연금재정방식과 관련하여 부과식pay-as-you-go과 적립식funded system을 결정하는 데 고려해야 할 중요한 요소라고 할 수 있다. 인구학적 변동은 연금의존율, 조세 증가, 기여율 상승, 대체율 감소, 은퇴 연령 변동에 영향을 미치게 된다. 특히 앞서 언급했던 부과식의 경우 그 특성상 인구학적 리스크에 취약하다.

정치적 리스크는 은퇴소득 요구가 정치적 행위로 인하여 변경될 때 발생한다. 특히 적립식 연금의 경우, 연기금이 본 취지를 벗어난 다른 목적으로 사용되거나 유용될 수 있다는 취약점이 있다. 또한 정부 통제하의 연기금들은 투자가 아닌 정부 지출을 위해 사용되어 수익률을 감소시킬 수도 있다.

자본시장 리스크는 적립식 연금체계에 내재된 리스크라고 할 수 있다. 자본시장의 변동으로 인해 실질수익률이 변화될 수 있고, 인플레이션이 발생할 수도 있기 때문이다. 하지만 부과식은 인플레이션 리스크로부터는 상대적으로 자유로운 편이다.

가족 리스크는 가족 구성원의 소득 여부에 본인의 은퇴소득이 연계된 경우이다. 독일과 미국 등 많은 국가들이 배우자의 은퇴소득을 다른 배우자의 소득에 연계시키는 장치를 갖추고 있다. 배우자의 소득 정도에 따라 본인의 은퇴소득이 축소되거나 조정되는 것인데, 특히 최근에는 이혼 증가에 따라 소득이 단절된 경력이 있는 여성의 경우 가족 리스크가 증가하고 있다.

5. 국제기구의 은퇴소득정책안

세계은행World Bank, 국제노동기구International Labour Organization, OECD 등 다양한 국제기구들이 향후 급격히 증가할 것으로 예상되는 노령인구에 대비한 은퇴소득정책 권고안을 제시하고 있다. 이 중 대표적인 세계은행과 국제노동기구의 은퇴소득체계 권고안을 살펴본다.

5-1. 세계은행의 은퇴소득체계 권고안

세계은행이 제시하는 연금개혁안은 3층 구조의 노후소득보장체계이다. 기존의 사회적 연대성에 기반한 공적연금제도는 저부담 고급여체계로 이루어져 있기 때문에 재정 불안정성으로부터 자유로울 수 없다는 것이다. 따라서 강제적용되는 기초보장 성격의 1층, 강제적용되지만 민간부문에서 운용하는 소득비례연금 성격의 2층, 임의적용되지만 민간부문에서 운용하는 추가적인 소득비례연금 성격의 3층으로 구성된 연금체계를 구축할 것을 권고한다(국민연금연구센터, 2000:42).

정부가 강제적으로 적용하는 1층은 모든 국민의 노후 최저생활수준 보장이 목적이므로 그 재원은 일반세입tax으로 충당한다. 2층은 민간이 운용하지만 정부가 적극적으로 관리 · 감독하며, 그 재원은 완전적립방식으로 한다. 민간이 임의적용하는 3층은 개인의 자발적인 가입과 민간의 자율적 운용이 허용된다. 이러한 세계은행의 연금개혁안은 기본적으로 공적연금제도의 부분적인 민영화, 연기금의 적립, 투자수단의 다양화, 기존의 확정급여형에서 확정기여형으로의 전환을 기본 틀로 하고 있다(국민연금연구센터, 2000:43).

5-2. 국제노동기구의 은퇴소득체계 권고안

국제노동기구(ILO)는 기여자와 수급자가 위험을 공유한다는 취지에서 4층구조의 노후소득보장체계를 권고한다. 우선 정부가 자산조사를 실시하여 보편적으로 적용하는 반빈곤anti poverty적 성격의 1층, 정부가 적정 수준의 임금대체율을 보장하는 강제적용, 부과방식의 2층, 강제적용하되 민간이 운영하는 적립방식의 3층, 그리고 자발적이며 보충적 성격의 4층이다(Turner, 1998:10).

정부가 정액급여를 주는 1층은 저소득 노인의 사회안전망을 보장하며, 그 재원은 일반세입으로 충당한다. 전통적 부과방식 사회보장제도인 2층은 리스크를 전체 인구에 분산시킴으로써 경제적 위험에 처한 노동자들에게 사회보험을 제공한다. 2층은 강제적 확정급여방식mandatory unfunded defined benefit이거나 명목확정기여notional defined contribution[10] 방식으로 운용된다. 민간이 운용하는 3층은 그 재원을 적립식(확정기여방식)으로 하지만 급여는 일시금이 아닌 연금annuity 형태로 지급되어야 한다. 민간이 임의 적용하는 4층은 개인의 자발적 가입과 민간의 자발적 운용으로 유지된다. 여기에는 개인 저축, 가족 지원, 자발적 기업연금, 자발적인 연금 계좌 등이 포함된다(Turner, 1998:9-10).

기타 그 외에도 OECD, IMF 등의 권고안이 있으며, 세계은행이 정책권고안을 제시한 이후 국제기구 간 시각 차이로 논쟁이 있었지만, 점차 상호간에 이해하고 조정하는 방향으로 변화되고 있다. 특히 다층소득보장체계의 필요성에 대한 공감대가 확산되는 추세이다.

〈표 1〉 은퇴소득체계 비교

		세계은행	국제노동기구	현행 한국 소득체계
4층			임의적용 사적연금 (적립방식)	
3층	개인연금	임의적용 사적연금 (완전적립)	강제적용 사적연금 (적립방식)	근로소득/ 퇴직금,개인연금
2층	기업연금 또는 직역연금	강제적용 사적연금 (완전적립)	강제적용 사적연금 (부과방식) 또는 명목확정기여(NDC)	국민연금/직역연금 (적립방식, 확정급여)
1층	공적연금	강제적용 공적연금 (조세)	반빈곤기초연금(조세)	경로연금, 국민기초생활보장

10 명목확정기여제도는 근로기간 동안 근로자 개인의 기여액이 근로자 개인의 명목 계정에 적립되는 방식을 의미한다. 국제노동기구가 명목확정기여제도를 권장하는 가장 큰 이유는 이자율이 시장이자율이 아닌 GDP 성장률이나 임금성장률을 반영한 이자율로 상정하여 명목상의 계정에 적립함으로써 가입자들의 불안감을 해소하면서 제도에 대한 순응성을 제고할 수 있기 때문이다. 급여 수준은 기여 기간의 GDP 증가율과 임금 증가율 등을 감안하여 각자 계정에 가상의 적립액을 계산한 후 이를 퇴직 시기의 경제 상황과 인구변동에 따라 자동적으로 변동 적용한다.

6. 다층은퇴소득체계와 복지융합

서구 복지국가에서 생성되고 발전한 공적연금제도는 80년대 접어들면서 다양한 압력에 직면하고 있다. 그중 가장 대표적인 요인이 탈산업화로 인한 산업구조의 변화와 세계화, 그리고 출산률 저하와 인구고령화일 것이다. 특히 산업화 시기의 은퇴 패턴에 맞춰 디자인된 연금제도는 탈산업화로 인한 은퇴 형태의 변화에 적절히 대처하지 못했으며 인구고령화로 인한 노인인구의 증가는 보다 많은 재정지출의 요인으로 작용하였다. 그 결과 기존의 부과방식의 공적연금제도는 재정불안정에 노출되게 되었다.

이에 따라 서구 복지국가들은 90년대 들어서면서 본격적으로 연금개혁을 시도하게 되었는데, 특히 두 가지 점에서 이전 개혁과 차이점을 보이고 있다. 첫째, 개혁 정도가 그동안의 급여수준, 수급자격, 기여구조의 모수적 개혁parametric reform에서 연금제도의 구조 전체를 개혁하는 시스템적 개혁systemic reform으로 전환하고 있다는 점이다. 둘째, 공적연금 중심의 단일구조의 노후소득보장에서 공적연금과 사적연금을 포괄하는 다층노후소득보장으로 전환하고 있다는 점이다. 주요 복지국가들이 공적연금의 재정 압박을 극복하기 위해 공적연금의 역할을 축소하고 기업연금과 공적연금을 포함하는 사적연금을 확대하면서 사적연금을 노후소득보장의 중요한 요소로 강조하고 있는 것이다. 이러한 개혁은 노후소득보장에서의 공적, 사적 부분의 관계가 전환되고 있음을 보여준다(국민연금연구센터, 2006:43-44).

하지만 현실적으로 많은 제도들이 공적연금과 사적연금의 요소를 공유하고 있는 경우가 많다. 예컨대 독일의 경우에도 공적연금이 공법의 기초에서 운영되고, 부과방식, 강제적용 등의 공적연금의 요소를 가지고 있지만, 동시에 소득지위보장, 소득비례, 기여금 징수, 특정 집단만 적용 등의 사적연금의 요소도 가지고 있다. 스웨덴의 명목확정기여제도[11] 역시 부과방식이면서도 개인이 기여할 상호펀드를 본인이 직접 선택한다는 점에서 집합적 리스크 공유와 개인의 투자책임이 동시에 강조되고 있어 공적/사적 요소가 혼합된 특징을 가지고 있다(국민연금연구센터, 2006:47).

11 자세한 명목확정기여식(notional defined contribution) 연금제도에 대해서는 양재진(2003), Palmer(2000) 참조 바람.

제9장 여성의 일·가족 양립정책

1. 모성과 남성주부양자모델의 해체

1-1. 모성과 남성주부양자모델의 쇠퇴

최근에 모성maternalism[12]과 남성주부양자모델male-breadwinner model이 급격하게 변화하고 있다. 모성 혹은 모성담론maternalism은 자녀를 양육하는 어머니의 가정주부로서의 역할과 가치를 의미하는데, 이러한 모성이 쇠퇴하고 있다는 것이다. 모성 혹은 모성담론이 쇠퇴한다는 것은 가정에서 아이를 양육하며 가사만을 담당하던 여성이 노동시장에 참여하여 일을 하는 직장에서의 역할을 병행하게 됨에 따라 과거 어머니로서의 모습들

12 'Maternalism'이란, may be defined as, "ideologies and discourses which exalted women's capacity to mother and applied to society as a whole the values they attached to that role: care, nurturance and morality(Koven and Michel 1993, p.4; see also Bock and Thane 1991; Skocpol 1992)"(Orloff, 2006: 237). 이와 같은 모성담론은 젠더 간 차이에 근거한 논리(gender-differentiated maternalist logic) 즉, 남성은 직장에서의 일을 하고 여성은 가정에서의 일(가사)을 담당하는 분업에 기초한다. 또한 모성담론은 부성에 상대적인 논의로서 자녀와의 관계성 속에서 성립되는 논의라고 할 수 있다.

을 점차 상실해 간다는 것이다.

과거만 해도 여성은 가정에서 가사일과 함께 시부모를 부양하고 자녀를 양육하면 '현모양처'로 평가받아 왔다. 그러나 최근 수십 년에 걸쳐 대부분의 OECD 회원국에서 여성 노동력의 형태가 변화하고 있다. 남성은 직장에서 전일제 근무를 하고 여성은 무보수의 가사일과 양육을 맡는 기존의 성역할분담division of labour이 감소하고 있는 것이다. 기존의 성역할이 엄격하게 구분되던 형태의 가족구조를 '남성주부양자모델male-breadwinner model'이라 일컫는데, 이러한 모델은 제조업 중심의 산업사회에서 보편화되어 있던 가사분업구조이다.

남성주부양자모델의 변화는 남성이 직장에서 임금을 벌고 여성이 가정에서 가사와 육아, 부양을 책임지는 생활양식이 사라지고 있다는 것이다. 이는 남성의 실질임금이 하락하고 고용조건이 불안정해지는 반면 여성의 노동시장 참여가 확대되고 있기 때문이다. 이로 인하여 남성과 여성의 전통적 역할들이 새롭게 재조정되고 있는 중이다. 서구유럽의 국가들은 이미 이러한 성 역할 조정에 정책적으로 개입하여 국가와 시장, 가족 간의 새로운 관계 설정을 모색해 가고 있다.

모성 혹은 모성담론 및 남성주부양자모델의 쇠퇴 과정은 여성의 고용을 증진시키는 다양한 측면들과 밀접한 관련이 있다. 여성의 고용은 젠더 평등gender equality의 일환, 혹은 고령화사회로의 이행에서 생산가능인구의 동원으로 볼 수도 있다. 또한 탈산업화 이후 서비스 직종의 확대에 따른 노동시장의 요구라고 바라보는 관점도 있다. 여성의 고용증가를 어떠한 관점에서 파악하던지 간에, 실제 여성의 사회참여 확대는 일련의 사회변화에 따른 복합적인 결과물이라고 하겠다.

그러나 모성 혹은 모성담론의 쇠퇴가 젠더 평등에 기여하는 것은 아니다. 왜냐하면 여성이 고용된다고 하더라도 가사분담구조가 쉽게 변화하지 않기 때문이다. 여성의 보살핌노동care work은 지금까지 시장노동market work과 같은 보상과 사회적 가치를 인정받지 못하였다. 더군다나 국가 정책이 노동시장에만 초점을 맞출 경우, 여성은 여전히 보살핌노동의 주 담당자로서 양육을 비롯한 가사일의 부담이 더욱 가중될 수밖에 없는 것이다.

그렇다고 하여 여성이 노동시장으로부터 이탈하고자 하더라도 어려움이 수반되기 마련이다. 이는 여성의 고용이 빈곤과 아동양육에 핵심적인 기능을 하기 때문이다. 지난 40여 년간 별거나 이혼이 보다 증가하면서 한부모one-parent 가정이 증가하여 왔다. 여성은 가장이면서 동시에 양육자로서 노동시장에서의 일과 가정에서의 가사일 그리고 육아를 병행해야만 하는 상황에 처해 있다. 여성의 고용은 아동빈곤과도 직접적으로 연관되어 있는데, 실제로 직장이 있는 한부모가정보다 실직중인 한부모가정에서 3배 이상 아동빈곤률이 높다. 또한 부모 중에 한 사람만 소득이 있는 가정의 아동도 부모 모두 소득이 있는 가정의 아동보다 거의 3배 높게 빈곤에 노출되어 있다(OECD Policy Brief).[13]

다른 한편으로 여성 고용이 증가하고는 있지만, 고용조건이나 환경이 남성에 비해 매우 열악한 수준이다. 여성은 비정규직이나 저임금 노동에 남성보다 더 노출되어 있으며, 아예 일을 하지 못하게 되는 경우

13 Policy Brief: Babies and Bosses: Balancing work and family life
Source by http://www.oecd.org/LongAbstract/0,3425,en_2649_34819_34566854_119696_1_1_1,00.html

도 많다. 이와 함께 여성이 직업을 가지게 되더라도 남성보다 적은 보수를 받는 것이 일반적이며, 탈산업화 이후 서비스 경제로의 전환에 따라 저임금의 서비스 직종에 종사하는 경향이 매우 높다.

1-2. 모성과 남성주부양자모델의 변화요인

여성의 사회참여 이후, 여성의 이중역할은 여성의 노동시장 참여를 항상 심각하게 제한하여 왔지만, 일하는 엄마를 둘러싼 일·가족 영역 관계는 사회변화에 따라 변화해 왔으며 이에 따라 여성이 직면한 일·가족 문제의 맥락도 변화하여왔다. 산업사회 이전까지는 일과 가족 영역이 분화되지 않았으며 '가사노동housework'이란 용어가 없었을 정도로 가정에서 행해지는 일과 가정 밖에서 행해지는 일이 개념적으로 구분되지 않았다. 자본주의 초기에 일과 가족, 작업장과 가정의 공간적 분리가 진행되었지만 이 시기에도 모든 가족성원은 경제적으로 기여할 것을 요구받았으며 남성가구주를 중심으로 모든 가족이 생산적 업무에 종사하는 것이 일반적이었다.

보호입법, 가족임금제의 도입 등으로 남성 노동력이 노동시장에서 지배적인 위치를 점하게 되면서 여성과 아동은 경제소득자에서 경제비용으로 전환되었으며, 여성에 대한 성별 이데올로기도 변화하여 여성은 일차적으로 가정을 담당해야 한다는 가정 중심적 이데올로기가 크게 강화되는 과정을 밟게 되었다(Williams, 2000). 또한 일과 가족 영역의 관계는 자본주의 성장과 함께 기업과 공장이 사회의 중추기관이 되고 기업은 일을 삶의 중심에 두고 가족을 조직의 요구에 부응하게끔 재배치하는 일 중심적 사회조직으로의 재편이 이루어진다.

전형적으로 남성을 중심으로 한 이상적 노동자 규범과 가정중심 이데올로기의 강화로 특징지워지는 이 같은 일 중심적 사회조직은 가족과 여성의 삶에 긴장과 갈등을 초래하게 되었다. 이상적 노동자 규범이란 전일제노동과 초과노동을 수행하며 출산이나 양육에는 시간을 할애하지 않는 노동자를 시장노동에 조직하는 것이라고 할 수 있다. 이와 같은 상황에서 여성이 수행하는 돌봄노동의 기능은 주변화되었으며 여성의 이상적인 역할이 가정에 연계됨으로써 여성의 이중역할 부담이 더욱 가중된 것이다. 20세기에 들어, 여성의 사회참여에 대한 사회적 태도가 변화하기 시작하였지만, 20세기 중반까지 기혼여성의 취업은 여전히 제한되었으며 '남성주부양자모델'은 여전히 공고한 위치를 점하고 있었다.

2차 세계대전 이후 기혼여성의 취업이 증가하였는데, 특히 아이가 있는 기혼여성의 취업도 증가하면서 '남성주부양자모델'이 흔들리기 시작하였으며 일과 가족의 관계를 재조정해야 한다는 논의가 나타나게끔 된다. 서구사회에서 일과 가족의 변화가 전면에 등장하게 된 주요한 경제적 변화는 일반적으로 서비스 경제로의 진입과 관련된다. 제조업에서 서비스 주도의 경제로 이행되면서 여성의 노동시장 참여가 전반적으로 증가하였다는 것이다. 또한 신자유주의적 유연화 정책은 고용유연성의 증대에 따라 여성 개인에게 임금노동과 가족노동의 결합을 가능케 해줌으로써 여성고용의 증대에 기여하였다고 볼 수 있다.

그러나 이 같은 여성의 노동시장 참여가 여성의 지위를 개선하기보다는, 복지국가의 개입과 정책 방향에 따라 다르기는 하겠지만, 많은 일하는 엄마들은 일과 가족생활의 힘든 양립을 지속하는 것일 일반적이었다. 기업과 국가 차원에서의 지원정책과는 별도로 일하는 엄마들은 다양한 개인적 해결을 모색하게 되는데, 이러한 개인적인 해결 역시 직종이나 계층에 따라 대응 방식의 차이를 보이기도 한다. 그렇지만 무엇보다도 여성들이 독신의 삶이나 출산을 지연하거나 회피하는 방법 등을 선택하는 경우 저출산 문제가 심각하게 제기된다고 하겠다.

한편 산업화 이후의 한국사회를 계속해서 지배해 온 일 중심적 사회구조와 규범은 가족 영역을 크게 위축시키고 가족과 개인의 권리를 제한해 왔다. 이러한 일 중심적 사회체제는 성별노동분업division of labour의 변화를 제약하는 부정적인 요소로 작용하고 있다. 또한 90년대 이후 진행되고 있는 상품화와 시장 중심주의는 여성의 가사노동을 줄이고 노동시장 참여 기회를 확대시켜 온 반면 돌봄의 공공성을 둘러싼 논의의 지평을 침해함으로써 결과적으로 여성과 가족에게 부담을 재생산시키고 있다.

2. 일 · 가족 양립정책으로의 전환

직장을 가진 엄마working mother는 직장에서의 일과 육아를 병행하기가 어려운 것이 일반적이다. 이 때문에 가정을 늦게 이루거나 자녀계획을 갖지 않거나 소수의 자녀만을 가지려는 경향이 늘고 있다. 또한 엄마들은 자신의 직업을 유지하기를 원하지만 단기간 혹은 영구적으로 직장에서의 일을 그만두기도 한다. 이렇게 직장을 그만두는 경우엔 특히, 편모single mother인 여성과 그 자녀가 빈곤에 노출되는 경향이 높게 나타난다.

여성의 직장에서의 일과 가정생활을 조화롭게 유지하는 것은 개인과 사회 모두에게 중요하다. 일을 그만두고 아이를 양육하고자 하는 엄마의 선택이 존중받아야 하지만 일을 포기하는 것이 어쩔 수 없는 선택인 경우가 많다. 이는 엄마인 여성이 일을 하는 동안에 아이의 양육을 맡아 줄 기제가 없기 때문이다. 그럼에도 불구하고 여성이 노동시장에 참여하지 않으면 아이들은 더욱 빈곤한 환경에 내몰리게 되고, 육아 때문에 자신의 일을 포기한 엄마들은 나이가 들수록 보다 빈곤해지기가 쉽다.

그러나 이처럼 자녀를 가진 여성이 직장에서 일하고자 하는 욕구와 자식을 잘 키우고자 하는 희망이 상호 배타적이어야만 하는가.

여성의 사회참여가 점차 확대되어가고 있는 상황 속에서, 임신과 출산, 육아의 문제를 여성 개인이나 혹은 그 가정 안에서 해결해야 한다는 견해의 토대는 허물어졌다. 국가적 위기로 대두하고 있는 '저출산' 문제를 풀어 가기 위해서라도 국가의 올바른 정책적 대응이 요구되는 것이다. 그러므로 일 · 가족 양립정책으로의 진환이 대부분의 OECD 회원국에서 중요한 이슈로 부각되고 있다.

2-1. 일 · 가족 양립정책의 필요성

최근에는 여성이 임신을 하게 되면, 아이를 낳을 걱정보다도 아이를 어떻게 길러야 할지를 걱정하게 된다. 아이를 어떻게 기를 것인가 하는 걱정은 보다 구체적으로는 아이를 어디에 맡겨야 하는가에 대한 고민이기도 하다. 아이를 낳는 것이야 십여 개월 정도 고생하면 되지만, 아이를 키우는 일은 출산휴가를 끝낸 뒤부터 지속적으로 해결해야만 하는 현실적인 문제이다. 이는 자녀를 가진 엄마로 하여금 직장생활을 계속하면서 육아를 병행하는 것이 매우 어렵다는 것을 보여 주는 실례이다.

이처럼 일하는 엄마는 자녀의 양육을 위해 직장을 그만둘 것인가 아니면 직장생활을 위해 자녀의 양육을 위탁할 것인가를 두고 고민하게 된다. 그러나 여성이 직장을 그만두고 육아에만 전념하는 경우, 여성 및 아동의 빈곤문제가 대두되며 아울러 육아 이후 여성의 재취업에 많은 어려움이 뒤따른다.[14] 이와 반대로, 여성이 직장을 그만두지 않을 경우, 출산기피 혹은 출산연장으로 인해 저출산 현상이 심화되는 문제가 발생한다. 정부 출산장려정책이 중요한 이슈로 부각될 만큼 힘든 육아문제가 출산률 저하로 이어지고 있는 것이 현실이다.

또한 일하는 엄마가 직장을 그만두지 않을 경우, 자녀의 육아를 어느 곳에 맡길 것인가 하는 문제에 직면하게 된다. 친정 부모나 시댁 부모에게 자녀의 양육을 맡기는 사례도 있지만, 대부분의 일하는 엄마들은 많은 비용을 부담하며 자녀를 보육시설과 같은 곳에 위탁하는 경우가 일반적이다. 그렇지만 서비스 경제에서 여성의 고용조건은 비정규직이거나 저임금의 서비스업이 많기 때문에, 보육시설에 자녀를 위탁하는 엄마들은 경제적인 부담으로 인하여 일을 계속할 것인가 혹은 그만두고 육아를 담당할 것인가를 고민하게끔 된다.

전술한 바와 같이 '부모의 선택'은 대부분의 OECD 회원국이 경험하고 있는 중요한 이슈이다. 여기에서 '부모의 선택'이란 부모 중 한 사

14 여성부 설문조사에 의하면, 결혼 후 취업을 중단한 경험이 있는 여성의 비율은 38.4%였다. 중단 이유는 자녀양육(64.9%), 출산에 따른 불이익(12.6%) 등이었다. 또한 취업을 하지 않은 기혼여성의 경우, 미취업 사유로 자녀양육(49.1%), 자녀를 맡길 곳이 없어서(23%)라는 결과가 높게 조사되었다.

람 혹은 두 사람이 모두 임금노동을 해야만 하는가, 그런 경우에 누가 양육을 담당할 것인가 등의 문제에 대한 결정권이 부모에게 있다는 것이다. 그러나 현실적으로 이러한 부모의 선택은 정부정책과 그 역할로부터 자유로울 수가 없다(OECD policy brief).[15] 왜냐하면 일 · 가족의 선택 문제가 개인과 그 가정의 역할 갈등이라는 차원을 넘어, 한 사회가 임금노동과 돌봄노동을 구성하는 방식에서 발생하는 문제이기 때문이다.

그러므로 개인적인 차원을 넘어서 사회적인 구성으로 말미암아 제기되는 일 · 가족 양립문제는 탈산업사회에서의 새로운 사회적 위험의 하나이다. 이러한 일 · 가족 양립의 어려움은 복합적인 맥락 속에서 다양한 사회문제들을 표출하고 있다. 우선, 무엇보다도 국가적인 맥락에서의 저출산 문제이다. 여성들이 일 · 가족 양립 문제로 인해 결혼을 늦게 하거나 아예 하지 않는 만혼과 비혼 현상과 함께 결혼을 해도 자녀를 갖지 않는 '딩크족$_{\text{double income, no kids}}$'이 새롭게 나타나고 있기 때문이다. 다음으로 노동시장의 맥락에서 생산인구의 감소 문제이다. 고령화사회로의 급속한 이행과 함께 줄어드는 경제활동인구를 대체할 수 있는 주요한 인력으로 요구되는 것이 여성노동력이기 때문이다. 셋째, 가족적인 맥락에서 경제적 안정과 빈곤 문제이다. 탈산업화에 따른 서비스 경제로의 전환은 산업사회에서 제조업에 안정적으로 종사하던 남성주부양자를 고용불안정 혹은 상시적인 실업위기로 내몰았다. 동시에 제조업의 쇠퇴와 함께 확대되는 서비스업은 많은 여성노동력을 필요로 하

15 Policy Brief: Babies and Bosses: Balancing work and family life
Source by http://www.oecd.org/LongAbstract/0,3425,en_2649_34819_34566854_119696_1_1_1,00.html

고 있다. 이에 따라 가정경제의 안정과 아동빈곤의 문제가 밀접하게 결합되는 것이다.

정리하면, 대부분의 일하는 엄마들이 직면하는 일 · 가족 양립의 어려움은 개인적인 수준을 넘어 사회경제적으로 다양한 사회문제들을 발생시키는 복합적인 사회구성물인 것이다. 그러므로 다양한 사회적 위험들을 나타나게끔 하는 여성의 직장에서의 일과 가정생활을 병행하는 데 수반되는 어려움을 지원하기 위한 '일 · 가족 양립정책'으로의 전환이 반드시 요구된다고 하겠다.

2-2. 일 · 가족 양립정책의 정의

일 · 가족 양립은 시장노동(임금노동)과 가족노동(돌봄노동)을 사회적으로 조정하는 방식에서 형성되는 문제이며, 한 사회의 노동규범과 가족규범, 그리고 젠더 관계 규범과 관련된 것이다. 이러한 일 · 가족 양립 문제는 '한 사회가 재화 및 용역의 생산과 노동력의 일상적 · 세대적 재생산을 어떻게 조직해 나가는가, 또한 그 안에서 여성과 남성의 역할을 어떻게 구조화 하는가' 하는 것과 관련된다. 기존의 논의를 살펴보면, 일 · 가족 딜레마work-family dilemma, 일 · 가족 갈등work-family conflict이라고 불리어 왔으며, 문제해결의 방향은 일 · 가족 양립work-family reconciliation 혹은 일 · 가족 균형work-family balance으로 설정되어 왔다.

일하는 여성이 일 · 가족의 이중 부담 속에서 힘겹게 일하고 있다는 문제가 제기된 것은 오래되었지만, 이를 일 · 가족 양립을 위한 구체적인 정책 모색으로 접근하기 시작한 것은 복지국가 논의가 활성화되기 시작했던 90년대에 들어서이다. 이 같은 일과 가정생활의 양립이라는 복지정책은 성별 노동분업의 불평등 구조를 비롯하여 저출산, 여성의 노동시장 참여와 관련하여 핵심적인 이슈로서 제기되어 왔다.

일 · 가족 갈등에 대한 연구는 일에서의 역할과 가족에서의 역할 사이의 긴장과 양립 불가능성에 초점을 맞춘 연구(Stebbins, 2001)로서 주로 시간 갈등, 긴장관련 갈등, 역할행동 갈등 등 개인이 일과 가족의 문제로 인해 겪는 긴장과 갈등의 문제를 다루고 있다. 이에 비해 일 · 가족 양립에 대한 연구는 유럽연합을 중심으로 여성과 남성의 일과 가족 책임을 조화시키는 것을 목적으로 하는 정책에 대한 관심을 강조하며, 사회보장, 가족휴가, 양육지원 등 다양한 일 · 가족 양립정책의 도구 개발하는 데 기여하여 왔다(Mazur, Amy G. 2002). 한편 일 · 삶 균형에 대한 논의는 영국의 신경제하의 주요 여성정책으로 등장하는데, 이는 일과 가족 및 양육에 대한 문제를 넘어서서 노동시간, 돌봄시간, 그리고 개인적 생활을 위한 시간 사이의 균형을 유지하는 정책에 대한 관심으로 확대하고 있다(Diane Perrons, C. Fagan 외, 2005).

그러나 문제는 이처럼 다양한 논의들이 과연 성별평등을 증진시키는 데 얼마나 기여하고 있는가 하는 점이다. 일과 가족생활의 양립이란 이슈는 임금노동과 가사노동이라는 여성의 역할을 조화시키는 것으로 이해되지만, 정작 이는 개별 기업이 파트타임이나 유연노동을 이용하기 위해 사용하는 노동력 활용 전략과 관련되는 경향이 강하다. 아울러 일 · 삶 균형 역시 고용과 가족생활 사이의 경쟁적인 요구들이 어느 정도 조화가 이루어져 왔음을 함의하는 접근이다(강이수, 2007:5).

그런데 이 같은 논의들은 일하는 여성들이 직면한 문제를 해결하기

보다는 오히려 성별분업에 관한 고정된 가정들을 재생산하는 효과를 낼 수 있다는 점에서 적절치 못한 측면이 있다고 지적된다(Crompton, R., 2005). 이에 크럼프턴은 영국 정부의 '일 · 삶 균형' 정책을 비판하면서 현재 일하는 여성의 정확한 상태를 반영하기 위해서는 '일 · 가족 접합 work-family articulation'이라는 보다 중립적인 개념을 통하여 고용과 가족의 다양한 결합과 전략을 살펴볼 필요가 있다고 제안하기도 한다(Crompton, R., 2005; 2007). 일 · 가족 접합은 여성 내부에서도 직종별, 계층별로 차이가 있으며 또한 국가 정책이나 노동시장의 변화와 같은 관계적 요인에 따라 상이한 접합 유형을 보인다는 것이다(Crompton, 2007; 강이수, 2007:5). 따라서 일 · 가족 관계의 분석을 위해서는 보다 다양한 요인과 맥락을 검토해야만 할 것이다.

직장에서의 일 혹은 가족생활에 대한 결정은 개인적인 선호를 포함하여 각종 기회들, 앞으로의 전망, 가족관계와 같은 요인들의 폭넓게 상호 연관된 맥락 속에서 형성된다. 그런데 전 범위에 걸친 사회정책도 일 · 가족의 균형에 상당한 영향을 미친다. 고용, 젠더 평등, 아동돌봄, 소득정책을 비롯해 학교교육 및 교육정책과 은퇴, 노인부양, 건강정책 등이 가족의 형성과 해체뿐만 아니라 노동시장에 참여하려는 개인적인 의사결정에 영향을 주는 것이다. 이에 더하여 일 · 가족에 대한 결정은 미래사회가 어떤 모습으로 발전하여 기능할 것인가와 폭넓은 공공정책의 관심이 어떤 방식으로 관련되는가에 좌우된다고 하겠다.

예를 들어, 최근의 출산률과 인구 감소 추세가 지속된다면, 미래의 경제활동인구는 비경제활동인구보다 상대적으로 줄어들 것이다. 이는 앞으로의 노동력 공급과 함께 건강, 교육, 은퇴와 여타의 공공정책에 분명한 함의를 내포하고 있다. 그러므로 일 · 가족 양립정책의 중요성은 잘 마련된 정책이 여타의 다른 사회적 목표들을 진전시키며 지속가능한 사회발전에 기여한다는 측면에서도 그 의미가 있다(OECD, 2001, Towards a Sustainable Future, Press release on the OECD Council meeting at Ministerial level, 17 May, Paris.).

3. 일 · 가족 양립을 위한 정책 방향

대부분의 OECD 회원국은 미래사회를 구성하는 데 있어 심각한 문제들에 직면하고 있다. 인구고령화와 저출산 현상으로 인하여 미래의 생산가능인구가 감소하고 사회보장비용의 재정적인 지속가능성을 상당히 위협하고 있는 것이다. 한편 계속해서 줄어드는 경제활동인구를 대체할 수 있는 인력으로 논의되고 있는 여성노동력 동원이다. 여성의 노동시장 참여를 증가시킨다면 고령화사회가 야기하는 문제들을 해결하는데 도움이 된다는 논의이다.

그렇다면 여성의 직장에서의 일과 가정생활은 양립할 수 없는 것인가? 흔히 여성의 노동시장 참여율이 높을수록, 가임여성의 출산률이 낮을 것이라는 주장이 일반적이었다고 하겠다. 그러나 이러한 주장은 다음과 같은 실례를 통하여 그 근거가 허물어졌다. 여성의 사회참여가 높아짐에 따라 출산률이 낮아졌다는 사회통념과는 달리 선진국의 경우 일하는 여성이 많은 국가일수록 출산률도 높다는 조사 결과가 있다. OECD 회원국의 여성고용률과 출산률을 비교분석한 결과, 아이슬란드, 노르웨이, 덴마크, 핀란드 등 25~54세 여성 고용률이 높은 국가는 출산률도 높은 것으로 나타났다.[16] 이처럼 일하는 여성이 많은 국가일수록 출산률이 높은 것은 양육지원, 근무시간의 유연성, 개인기반 조세시스템 등 취업여성을 돕는 정책이 다양하게 펼쳐지고 있기 때문인 것으로 분석된다.

그렇다면 여성의 일 · 가족 양립을 지원하기 위한 제도에는 어떠한 형태들이 있는가. 아울러 이러한 제도화는 어떠한 과정을 통해 마련될 수 있는가. 일 · 가족 양립에 대한 문제를 제기하는 방식은 이와 관련된 정책도구 및 정책목표에 영향을 미치게 된다. 그리고 이러한 영향은 개별 국가마다의 기본적인 제도적 배열(경로의존성)과도 밀접한 관련을 맺고 있다. 그러므로 일 · 가족 양립정책은 중점을 두는 정책적 지향에 따라 매우 복잡한 정책 방향을 보여 준다. 우선, 여성의 일 · 가족 양립과 관련한 국가별 정책 방향을 살펴보면 다음과 같다.

3-1. 일 · 가족 양립을 위한 국가별 정책 방향

스웨덴을 위시한 스칸디나비아 국가들은 탈가정화 정도가 높다. 이러한 탈가정화는 국가에 의한 지원의 형태를 띠며 보살핌노동에 대한 지원, 특히 시간적 지원time to care에 초점을 두고 있다. 예를 들어, 영아들을 위한 공공 보육서비스, 유급 모성휴가, 유급 부성휴가, 공공 노인재가

16 OECD 회원국 가운데 여성고용률이 가장 높은 아이슬란드는 여성 1인당 출산률이 미국, 아일랜드에 이어 세 번째로 높았다. 또한 여성고용률이 80% 이상인 노르웨이, 덴마크, 스웨덴의 경우 여성 1인당 출산률이 OECD 회원국의 평균치(1.6명)를 웃돌았다. 반면에 같은 OECD 회원국이라고 해도 한국을 비롯한 이탈리아, 스페인, 그리스 등 여성고용률이 낮은 국가는 출산률도 낮았다. 우리나라의 출산률은 2004년 기준 가임여성당 1.19명으로 체코와 함께 30개 OECD 회원국 중 가장 낮은 수준이다. 또한 한국사회의 25~54세 여성고용률(57.7%)도 터키, 멕시코, 이탈리아, 스페인, 그리스 등과 함께 하위권에 머무르고 있다.

서비스 등이다. 그러므로 탈가정화는 하나의 사회적 권리로 정착되어 있어서 여성은 출산과 보육에 따른 부담을 최소화하고 지속적 경력 유지의 기회가 보장되어 있다. 이와 같은 제도적 장치들은 남성이 직장에서 여성이 가정에서 일을 전담하는 전통적인 '남성주부양자모델' 형태를 부부 모두 노동시장에 적극적으로 참여하는 '양성소득자모델'로 바꾸었다. 이러한 변화는 앞으로 다가올 고령화사회에 대한 대비책이면서 가정의 부담을 최소화하는 훌륭한 정책 대안이다.

스페인, 이탈리아 등 남부유럽 국가를 제외한 대륙 국가들에서는 탈가정화의 정도가 그리 높지 않다. 오히려 종교 단체나 종교적 정당들의 영향으로 인해 여성의 노동시장 편입이 소극적이었다. 여성은 근로자로 인식되기보다는 가사를 돌보는 주부로서의 역할이 지배적이다. 국가의 지원 또한 일반적인 가족 지원, 예를 들어 아동수당이나 가족을 위한 세금 혜택과 아동을 위한 보육서비스 형태이다. 그러나 보육서비스도 영아를 위한 것이 아니라 3세 이상의 유아나 아동을 위한 것이다. 이에 따라 여성의 노동시장 참가율은 스칸디나비아 국가들에 비해 상대적으로 낮은 편이고, 결혼한 여성이 취업했다 하더라도 출산과 육아나 부양에 따른 노동시장 이탈 비율이 높다. 여성의 취업기회가 확대되면서 전통적인 젠더분업모델이 변화하고 있지만 아직은 남성이 주 수입원이고 여성은 파트타임 근로를 하는 형태가 지배적이다.

미국과 캐나다는 여성의 고용을 강조하는 시장모델 형태이다. 그러나 여성의 노동시장 참여만을 강조할 뿐, 가정에서의 보살핌노동에 대한 국가 개입은 없다. 따라서 탈가정화는 시장을 통해 이루어진다. 국가에서의 지원은 저소득층 가정을 위한 부의 정도에 따라 납부하도록 하는 소득세인 근로소득보전세제와 약간의 아동보호를 위한 지원만이 있을 뿐이다. 거의 대부분의 근로 가정들은 보살핌노동을 위해 시장에 의존하고 있다. 비록 국가의 지원이 거의 없는 형편임에도 불구하고 여성의 노동시장 취업율은 높은 편인데, 이는 가족의 경제적 압박과 더불어 상대적으로 저렴한 육아서비스 비용 때문인 것으로 보고되고 있다. 그렇지만 이러한 시장모델은 어린 아이를 가진 여성들의 경우 노동시장 취업율이 저조하며, 육아서비스의 질이 매우 낮다는 문제점을 갖고 있다.

네덜란드의 모델은 양성소득자/양성부양자 혼합 모델이다. 부부 모두 노동시장에서 근로자로 활동하면서 동시에 아이를 돌보는 형태이다. 네덜란드에서 부부는 아이가 학교에 들어가기 전까지 파트타임으로 일을 한다. 파트타임 일자리는 보수도 좋고, 상당 시간 일을 할 수 있다. 파트타임으로 일을 하면서 서로가 교대로 아이를 돌보는데, 이러한 형태의 모델이 자리 잡기 위해서는 국가가 파트타임 일자리 창출에 노력하여야 한다. 네덜란드에서는 이러한 형태의 파트타임 일자리를 국가가 창출함으로써 여성의 노동시장 참여율을 증가시키는 한편 가정에서는 부모의 역할을 동시에 수행할 수 있는 제도적 장치를 마련한 것이다.

한국사회의 경우도 전통적 분업의 모델이 점차 변화하고 있는 실정이다. 또한 급속히 증가해 가는 고령인구 문제에 직면해서 여성의 노동시장 참여율 제고는 필수 불가결한 정책 과제로 대두되고 있다. 가정에 부담을 최소화하는 방향으로 여성의 노동시장 참여가 이루어지지 않는다면 많은 문제점이 야기될 수 있다. 다른 나라들의 다양한 모델을 살펴보고, 우리나라 실정에 맞는 모델을 개발하고 그에 따른 정책적 방향을 정립하는 것이 시급한 실정이다.

3-2. 일 · 가족 양립을 위한 정책도구

일 · 가족 양립을 지원하기 위한 정책도구는 제공되는 급부benefits의 성격에 따라 시간time, 돈money, 서비스service로 범주화할 수 있다.

첫째, 시간의 형태로 급부가 제공되는 정책도구에는 휴가제도leave schemes와 유연노동방식flexible working patterns이 해당한다. 우선, 휴가제도에는 출산휴가maternity leave, 남성이 얻는 출산휴가paternity leave, 육아휴가parental leave를 비롯하여 childcare leave와 childbirth-related leave 등이 있다. 이러한 각종 출산 및 육아휴가는 지급기간duration과 함께 무급unpaid인가 유급paid인가에 따라 다양한 방식으로 제도가 구성될 수 있다. 시간에 연관된 또 다른 정책도구는 유연노동방식이다. 흔히 알려져 있는 유연노동방식은 파트타임part-time work이다. 이 밖에도 유연노동시간flexible working time을 활용한 정책도구에는 압축근로제compressed workday or workweek[17], 근무시간자유선택제flexitime[18],

17 '압축근로제'는 통상의 근무요일을 줄이는 대신, 근무시간을 보다 늘리는 방식이다. 예를 들어, 일주일에 4일을 근무하되 하루에 9시간을 일함으로써 전체 노동시간을 압축하는 것이라고 할 수 있다.

18 '근무시간자유선택제'는 하루의 근무를 시작하는 시간이나 끝마치는 시간을 유연하게 조정하여 선택할 수 있게끔 하는 방식이다. 이와 같은 방식으로 노동자는 통상의 출근시간보다 늦게 출근하거나 혹은 일찍 퇴근함으로써 자신들에게 필요한 중요한 시간을 확보할 수 있는 것이다. 일례로, 일하는 엄마(working mother)가 아이를 학교에 보내고 난 이후에 통상의 출근시간보다 늦게 직장에 나갈 수 있다면, 아이를 돌볼 수 있는 아침시간을 잘 활용할 수 있을 것이다.

재택근무teleworking 등이 있다.

둘째, 재정의 형태로 급부가 제공되는 정책도구에는 세제稅制, tax system와 사회수당, 사회부조와 같은 사회보장제도가 해당한다. 우선, 조세제도를 통한 급부에는 조세감면tax deduction, 세금공제tax credit를 비롯해 아이가 있는 가정에 금전적으로 지원하는joint taxation, individual taxation 등이 있다. 이와 같은 조세제도는 세금을 조정함으로써 노동시장 진입과 이탈에 대한 유인incentives을 제공함과 동시에 어떤 특정 유형의 가족에게 급부를 제공한다. 다른 한편으로 가족수당family allowance, 주택수당housing allowances, 세액공제tax allowances 등은 가족에 대한 재정적인 보호를 통해 양육비용을 지원한다. 따라서 이 같은 제도들은 여성고용 대신에 가족형성을 유도하는 것이라고 할 수 있다.

셋째, 일종의 서비스 형태로 급부가 제공되는 정책도구에는 아동양육을 위한 편의제도 혹은 편의시설childcare facilities이 해당한다. 이와 같은 서비스에는 일례로 어린 아이들을 위한 보육원, 방과 후 학교after school services 등이 있다.

그러나 이상과 같은 정책도구들이 모든 국가들에서 사용되는 것은 아니다. 일례로, 스칸디나비아 국가들에서는 영아들을 위한 공공보육서비스가 발달되어 휴가제도leave scheme가 주로 사용되는 반면, 미국과 캐나다에서는 근로소득보전세제와 같은 세제혜택과 일부 아동에 대한 지원만이 제공되고 있다.

〈표 1〉 일 · 가족 양립을 지원하기 위한 정책도구들

◇ leave arrangements —— as part of policies offering time
working-time arrangements ┘

The leave schemes —— Maternity leave
└ Paternity leave
└ Parental leave
└ Childcare leave - Childbirth-related leave
(duration & paid or unpaid)

Flexible working patterns —— Part-time work
└ Flexible working time
└ The compressed workday or workweek
└ Flexitime
└ Teleworking

◇ tax system —— as a part of the financial benefits(money)

Tax systems and financial support for families —— joint taxation
└ individual taxation

◇ childcare facilities —— as the component of services

3-3. 일 · 가족 양립을 위한 정책담론

여성의 직장에서의 일과 가족생활이라는 두 가지 정치적 아젠다를 모두 충족하기 위해 '맞벌이사회$_{\text{dual-earner society}}$'를 지향하는 정책담론의 변화는 최근 국가적인 개혁으로 나타나고 있다. 이와 관련하여 논자들은 정책담론의 세 가지 변화 유형을 제시한다. 그것은 정책담론과 정책프로그램에 있어서의 변화가 정책도구$_{\text{policy instruments}}$, 정책목표$_{\text{policy objectives}}$, 정책핵심$_{\text{policy core}}$ 중에서 어느 수준까지를 개혁할 것인가에 따라 세 가지 단계

로 구분되는 것이다.

첫 번째 단계는 정책담론과 프로그램이 새롭게 바뀌는 개혁이기 때문에 정책도구만을 변화시키게 된다. 두 번째 단계는 정책담론과 프로그램을 다시 고치는 개혁이기 때문에 정책도구와 함께 정책목표까지도 변화시키게 된다. 그리고 세 번째 단계에서는 정책담론과 프로그램을 혁명적으로 뜯어고치는 개혁이기 때문에 정책도구 및 정책목표와 함께 정책의 핵심까지도 변화시키게 된다. 이상의 내용을 정리하면 아래의 표와 같다.

Table. Overview of different types in Changes in national policy discourses and programmes

Change in policy discourses and policy programme	First order change : Renew the policy discourse and programme	Second order change : Recast the policy discourse and programme	New third order change : Revolutionary change of policy discourse and programme
Policy Instruments :	Changed	Changed	Changed
Policy Objectives :	Same	Changed	Changed
Policy Core :	Same	Same	Changed

(Source : Schmidt, V., 2002, *The Futures of European Capitalism*, Oxford University Press, p.223.)

제10장 제3부문의 발전과 정책 방향

1. 제3부문의 발전

재화나 서비스를 생산 · 분배하는 두 가지 주요한 제도는 정부와 시장이다. 정부는 관료제 혹은 명령에 의해 조직이 작동되는 반면에 시장은 가격체계의 의해 역동적으로 움직여진다. 하지만 정부와 시장 이외에 재화나 서비스를 생산 · 분배하는 또 하나의 제도적 영역이 존재한다. 지역사회의 복지관이나 비영리로 운영되는 병원, 학교, 협회, 협동조합, 사단법인, 공익법인 등이 그것이다. 이들은 국가의 명령이나 기업의 이윤 동기와는 다른 형태로 움직여지고 있다. 이를 통칭하여 '제3부문Third Sector'이라 일컫는다.

제3부문의 역할이 점차 중요시 되고 있다. 제3부문은 의료적, 사회적, 교육적 및 다양한 문화적 서비스 제공자로서의 역할을 담당하며 사회에서의 비중을 확대하는 중이다. 예로, 지난 10년 동안에 걸쳐 유럽, 북미, 아시아 태평양 지역의 발전 국가들에서 이들의 역할이 점차 증대

되고 있다(Anheier, 2003). 우선, 제3부문의 고용률 증가가 일반 고용률 증가를 훨씬 상회하고 있다. 한 연구에 따르면, 1990년에서 1995년까지 미국, 영국, 독일, 벨기에, 프랑스, 이스라엘, 일본에서는 제3부문 고용증가율이 평균 24%에 이르는 반면, 전반적인 고용성장률은 6%대에 머물렀다(Salamon, et. al., 1999). 제3부문에 종사하고 있는 근로자 비율도 OECD 회원국 평균이 약 6%에 이를 정도로 계속 증가하고 있는 중이다(Salamon, et. al., 1999). 또한 국제적인 수준에서도 비영리단체가 확대되고 있는 중이다. 1981년에는 13,000개의 비영리단체가 활동했었는데 2001년까지 47,000개로 증가하였다(Anheier, 2003).

제3부문 역할의 확대 배경에는 국가와 시장에 대한 회의적인 시각이 자리 잡고 있다. 세계화와 유럽통합의 시대에 접어들면서 전통적인 국민국가의 역할이나 국가 주도의 사회관리 정책들이 도전받는 한편, 그 대안으로 제시된 시장 중심의 신자유주의 개혁들 또한 그리 성공적이지 못하였다. 복지국가 역할에 대한 개혁과 시장 중심 정책의 강조에도 불구하고, 높은 실업률, 사회적 불평등의 확대, 복지국가의 불확실한 미래로 인해 정책전문가나 사회과학자들은 국가나 시장이 아닌 다른 부문에 눈을 돌렸다. 어느 학자는 이를 '사회 중심적 접근방식society-centered approaches'이라 부르면서 최근 이것이 세 가지 방향으로 나타나고 있는 것으로 정리하고 있다(Zimmer and Freise, 2005). 세 가지 방향이란 '시민사회', '사회적 자본', 그리고 '제3부문'이다. 특히, 제3부문의 육성은 국가의 부담을 줄이고, 시장 실패를 보완하면서 시민사회를 활성화시키는 전략적 요소로서 부각되는 중이다.

2. 제3부문이란 무엇인가

2-1. 정의

제3부문을 지칭하는 용어는 다양하다. '사회적 경제Social Economy', '연대경제Solidarity Economy', 혹은 '대안경제Alternative Economy', '비영리부문Non-profit Sector', '자발적 부문Voluntary Sector' 등 다양한 용어들이 있다. 특히 사회적 경제와 제3부문, 연대경제라는 용어들이 서로 혼용되어 같은 의미로 사용되고 있다(Moulaert and Ailenei, 2005).

제3부문을 나타내는 용어들이 혼용되고 있지만, 그 의미는 다르다. 특히, 미국과 유럽의 학자들 간에 제3부문의 정의가 뚜렷이 구별된다. 우선 미국의 경우 살라먼Salamon과 안하이어Anheier는 제3부문을 다음과 같이 정의하고 있다(Salamon and Anheier, 1998);

1) 조직체일 것, 즉 어느 정도 제도화되어야 함을 의미한다.
2) 사적일 것, 즉 정부와는 제도적으로 분리되어야 한다.
3) 자기 규제적일 것Self-governing, 즉 사체적으로 조직 행동을 규제할 수 있어야 한다.
4) 자발적일 것, 즉 어느 정도 의미 있는 자발적 참여가 있어야 한다.
5) 수익을 분배하지 않을 것, 즉 창출된 수익을 조직의 소유자나 관리자에게 분배하지 않아야 한다.

미국 학자들의 이러한 정의에는 수익을 조합원에게 분배하는 협동조합이나 상호부조 조직들이 포함되지 않는다. 즉 위의 정의 중 5번째 항목에 어긋나는 것이다.

하지만, 유럽 학자들에게 있어 상호부조 조직들이나 협동조합들은 사회적 경제의 주요한 요소로 취급되어져 왔다. 사회적 경제는 노동운동과 역사적으로 연계되어 자본주의와 사회주의에 대한 대안으로서 추구되어 오면서 협동조합운동이나 은행, 주택, 보험 등의 산업에서 조합원 복지를 추구하는 상호조직Mutual Associations으로 발전되어 왔다. 이들은 국가경제나 시장경제와는 다른 형태의 경제활동이었기 때문에 유럽 학자들은 제3부문의 개념을 자연스럽게 포괄시켜 왔다.

이렇듯 제3부문에 대한 정의는 크게 미국 학자들의 정의와 유럽 학자들의 정의가 달리 존재하고 있으며, 이러한 차이는 제3부문에 대한 이론적 접근방식에도 다르게 나타나고 있다.

2-2. 이론적 접근들[19]

제3부문은 왜 존재하며 국가들마다 다양한 모습을 나타내는 이유는 무엇인가에 대한 몇 가지 이론적 접근들이 있다. 이러한 이론들에 대해 간단히 살펴보고자 한다.

가. 정부/시장실패이론(Government Failure/ Market Failure Theory)

이 이론은 정부나 시장이 충분히 공공재를 공급할 수 없는 한계에 대해 지적하고 있다. 가격 지불 여부에 상관없이 모든 사람이 이용 가능한 공공재의 성격 때문에 시장이 공공재를 충분히 제공할 수 없다는 것은 고전 경제학자들에 의해 인식되어져 왔다. 이는 정부 개입을 정당화하는 요인이기도 하였다. 하지만 정부 또한 다수가 선호하는 공공재를 공급하기 때문에(median voter preference) 공공재에 대한 욕구를 충족하지 못

19 이론적 접근의 설명은 살라먼과 안하이어의 논문(1998)을 토대로 요약하였음.

하는 사람들이 나타나기 마련이며, 이질적 인구분포를 가진 국가일수록 이러한 현상은 두드러지게 된다. 따라서 시장이 공공재를 충분히 제공하지 못하고 정부 또한 공공재에 대한 시민들의 욕구를 충족시켜 주지 못하는 상황 속에서 공공재를 제공하는 새로운 영역을 발견하게 되는 것이다.

나. 공급측면이론(Supply-Side Theory)

이 이론은 시장이나 정부에 의해 충족되지 못하는 공공재의 욕구만으로는 문제가 있다고 본다. 즉 충족되지 못한 공공재의 욕구만으로는 제3부문이 나타나게 되는 이유나 국가 간 제3부문의 다양한 존재방식을 설명하는 데 충분한 조건이 되지 못한다는 점을 지적한다. 또 하나의 조건이 필요한데, 이는 공공재에 대한 욕구를 충족시키기 위해 비영리조직을 만들려고 하는 사람들이 얼마만큼 존재하는가이다. 이러한 사회적 기업가들이 많을수록 제3부문은 팽창하는 것이다. 특히 공공재를 제공하려는 종교 조직들 간 경쟁이 비영리부문의 팽창과 관련 있음을 주목하고 있다.

다. 신뢰이론들(Trust Theories)

이 이론은 이윤을 추구하는 상업적 조직들보다 이윤을 분배하지 않는 비영리조직을 보다 신뢰할 수 있기 때문에 제3부문이 존재한다는 것이다. 특히 소비자가 재화나 서비스를 구입할 때 많은 정보를 입수하고 판단해야 하는데 정보가 충분치 못하고 불확실한 상황에서 계약을 체결해야 하는 경우 보다 신뢰성 있는 비영리단체에 의존한다는 것이다.

보다 전문적인 용어로는 재화나 서비스 구입에서의 정보 비대칭으로 야기되는 계약 실패의 가능성으로 인해 비영리조직이 존재하게 된다는 것이다.

라. 복지국가이론

이 이론은 비영리단체들을 가족, 지역사회, 교회와 같이 사회적 문제들에 대하여 자발적으로 대처해 왔던 전근대적 조직으로 간주한다. 따라서 경제가 발전할수록, 복지국가가 발전할수록 비영리단체들의 기능이나 규모가 점차 축소되는 것으로 이해한다.

마. 상호의존이론(Interdepenence Theory)

이 이론은 앞서 제시된 이론들과는 달리, 국가와 제3부문이 근본적으로 갈등과 경쟁 관계의 측면만 있는 것이 아니라 상호의존과 파트너십의 관계가 있음을 지적하고 있다. 어떤 상황하에서는 국가와 제3부문 사이에 협동적인 관계가 구축될 수 있다. 이데올로기적 요인이나 기타 다른 이유에 의해 국가 개입에 대한 거부감이 있을 때, 국가는 제3부문과 협동적인 관계를 구축하여 사회적 문제에 대처해 가거나 사회적 서비스를 제공할 수 있다는 것이다.

바. 사회적기원이론(Social Origins Theory)

이 이론은 제3부문이 역사적 · 사회적으로 어떤 구체적 조건하에서 발전되어 왔는지, 국가와 관련하여 어떻게 자리매김하였는지에 대해 살펴보고 있다. 예로 자유주의국가에서는 부르주아적 계급이 강하고 전통적 지주계급이나 강력한 노동운동이 매우 약한 역사적·사회적 조건하에서 발달하였다. 이는 국가 개입에 대해 상당한 이데올로기적 및 정치적 저항을 낳게 되고 결과적으로 복지국가 규모 축소와 자발적인 제3부문의 확대를 초래하게 되었다. 이러한 방식으로 네 가지 발전 모델을 제시하고 있는데, 자유주의, 사회민주주의, 조합주의, 국가주의가 그것이다.

2-3. 제3부문의 현황

제3부문에 대한 자료는 매우 빈약하여 형황을 파악하기가 쉽지 않다. 그나마 다행스럽게도 최근 홉킨스 대학에서 제3부문 이론을 검증하기 위해 8개국을 대상으로 제3부문에 대한 자료를 창출하였다(Salamon and Anheier, 1998). 이 자료에서 제3부문은 미국적 정의, 즉 수익을 분배하는 협동조합이나 상호부조 조직을 제외하는 형태의 정의를 채택하였다. 조사된 8개국은 미국, 영국, 프랑스, 독일, 이탈리아, 스웨덴, 헝가리, 일본이며 이들 국가들의 제3부문의 개략적 현황을 살펴보기로 한다.

이들 8개국에서 제3부문은 119만 명의 고용인들이 일하고 있으며, 이는 이들 국가들의 전체 노동력의 4.5%를 차지하고 있다. 즉, 20개의 일자리 중 하나는 제3부문 일자리에 해당한다. 하지만 국가들마다 제3부문의 고용률은 차이를 보인다. 헝가리의 경우는 총 고용 대비 0.8%의 비율만이 제3부문에 종사하는 반면, 미국의 경우는 6.9%의 높은 고용률을 나타내고 있다. 최근의 한 한국 자료에 의하면 한국은 총 고용 대비 5%를 상회하는 것으로 나타나고 있다(Bidet, 2002).

국가들마다 차이를 보이지만 대체로 네 가지 활동 영역인, 교육, 건강, 연구, 사회서비스, 문화와 레크리에이션이 제3부문의 주요 활동 영역으로 나타나고 있다. 국가 간 차이를 보면, 일본과 영국의 경우 교육 활동이 활발한 반면에 미국과 독일은 건강, 프랑스와 이탈리아의 경우는 사회서비스 활동이 두드러지게 나타나고 있다. 한국의 경우는 교육과 연구의 경우가 두드러지는 것으로 나타난다(Bidet, 2002).

한편 제3부문의 수입 구조를 살펴보면 비영리조직에서 제공하는 서비스 이용료가 총 수입의 49%를 차지하여 일차적인 수입원이고, 다음으로는 국가지원이 41%로 서비스 이용료 못지않은 중요성을 갖고 있다. 나머지 사적기부가 10%로 낮은 비율을 차지하고 있다. 반면에 역사적으로 국가의존도가 높은 프랑스와 독일의 경우는 국가지원이 주요한 수입원으로 나타난다. 한국의 경우도 수입 구조에 대한 공식적 통계는 없지만 국가의 지원이 주요한 수입원으로 보인다. 예로, 한 연구에 따르면 비영리부문에 대한 정부보조금의 총액은 1990년 840억 원에서 1998년 2,860억 원으로 늘어나 명목가격으로 보면 4배 증가했고, 실질가격으로 보면 2배 증가했다(김준기, 2000). 이 증가율은 같은 기간의 정부예산 증가율 230%(명목가격)보다 훨씬 높은 것이다. 교육, 문화예술, 농림수산, 노동 및 환경 분야에서는 그 증가율이 평균보다 상당히 높게 나타나고 있다(김준기, 2000).

3. 제3부문에 대한 국가의 정책 방향

제3부문은 사회서비스를 효율적으로 전달할 수 있는 정책도구이면

서 동시에 시민사회나 사회결속력을 강화시킬 수 있는 영역이다. 제3부문에 대한 정책 방향도 이러한 두 노선을 따라 움직이고 있다. 제3부문이 효율적인 서비스 전달자로서의 역할을 강화하기 위한 방향과 또한 건전한 시민사회의 육성을 위해 사회적 자본을 강화하는 방향이다(Anheier, 2003).

3-1. 서비스 전달자로서의 역할 강화

과거 국가의 과도한 부담과 그에 따른 정부 실패에 대한 반성은 행정혁신에 대한 필요성을 제기하였다. 그 핵심 내용은 민간부문에서의 창조적 관리 방식과 기법을 공공부문에 도입하는 '신공공관리New Public Management'라는 개념으로 압축된다. 정부의 생산성과 효율성을 성취하기 위한 하나의 방법으로서 과거 정부 주도의 행정 과정에서 탈피해 기업과 지역사회 조직의 역할을 상대적으로 강화시키고 있다. 이러한 변화는 종래 정부government에서 거버넌스governance로의 방향 전환을 가져왔고, 이는 과거 규제와 개입 중심의 정부 역할로부터 국가, 기업, 제3부문 간의 협력과 공생 중심의 네트워크 구성이 강조됨을 의미하는 것이다(이종렬, 2001).

서구사회에서 신공공관리의 확산으로 인해 제3부문은 서비스 제공자로서와 민영화 도구로서의 측면이 강조되었다. 제3부문은 국가 기능을 아웃소싱outsourcing하는 매력적인 수단으로 여겨지게 되면서 정부는 계약을 통해 공공 및 민간 공급자들로부터 사회서비스를 구매하는 방식을 도입하였다. 지난 20여 년간 스웨덴은 물론 미국, 영국 및 유럽 국가들, 호주, 이스라엘 등 대부분의 선진국들이 계약제도를 도입하였다.

계약과 바우처를 사용하여 서비스 조직 간 경쟁을 강화하고 성과를 독려하는 형태를 강화함으로써 일종의 준시장quasi-market이 형성되었고 사회서비스의 시장화를 촉진하게 되었다. 서비스의 제공방식이나 케어 할당 방식 역시 비용효과성, 경쟁, 소비자의 선택 같은 시장원리들을 적용하게 되었던 것이다(Munday, 2003; 정경희 외, 2006 재인용). 최근에 한국의 보건복지가족부도 제3부문 방식의 서비스 확충, 민간서비스 공급 활성화, 바우처Voucher 방식의 확대 등 사회서비스 시장 형성을 위해 규제 개혁 및 제도개선을 추진 중이다. 비록 제3부문이 서비스 민영화의 도구로서 하나의 뚜렷한 추세를 형성하고 있지만, 구체적 현실에서는 복지국가체제가 가진 특성에 따라 매우 복합적인 양상을 띤다. 이에 대한 보다 구체적인 설명은 지면 관계로 인해 생략한다.

민간부문과의 계약은 경쟁을 전제로 낮은 비용으로 보다 나은 서비스를 제공하는 것을 목표로 하지만, 현실적으로는 많은 어려움에 직면하고 있다. 왜냐하면, 사회서비스 부문에는 실질적인 경쟁이 없는 경우가 많고, 동시에 계약 당사자들을 관리하고 감독할 정부의 역량이 부족한 것도 문제이기 때문이다.

보다 더 큰 문제로 지적되는 것은 비영리부문의 시장화가 비영리조직들이 단기적으로 생존하는데 도움이 될지 모르지만 장기적으로는 부정적인 영향을 미친다는 것이다. 즉, 시장화가 튼튼한 시민사회를 창출하고 유지해 나가는 제3부문의 능력을 저해함으로써 결과적으로 민주주의 시민권에 부정적 영향을 미칠 것이라는 전망을 내놓고 있다(Eikenberry and Kluver, 2004).

3-2. 시민사회의 육성을 위한 사회적 자본 강화

정책 입안가들이 제3부문에 관심을 갖는 또 하나의 측면은 제3부문의 시민사회 기관으로서의 역할이다. 준시장적 환경 하에서 제3부문의 효율적인 사회서비스 제공이라는 역할과는 달리, 시민사회의 결속과 참여를 통한 시민사회의 육성이라는 역할에 초점을 맞춘다. 후자의 역할에 대한 강조는 신토크빌주의적Neo-Tocquevillian인 접근방식이라 불리는데, 이는 미국인의 시민연대 성향과 민주주의 사이의 긍정적 관계를 포착한 토크빌의 시각에서부터 비롯되었기 때문이다.

제3부문에 대한 신토크빌적인 접근방식의 핵심은 시민사회가 사회적 자본을 창출하며 이것이 사회와 경제에 긍정적으로 기여한다는 시각에 기초하고 있다. 사회적 자본이란, 개인들 간의 사회적 관계를 통하여 만들어지고 유지되는 연결망과 관련된 규범들이며 지역사회의 생산성에 영향을 미치는 자원이다(Putnam, 1993). 이는 개별적 인간에게 축적되는 인적 자본과는 달리, 사회적 관계 속에 존재하는 자원이다. 또한 물질적 자본 혹은 화폐 자본의 특성과 반대로 사회적 자본은 이용하면 할수록 감소하는 것이 아니라 증대되며, 또한 보다 넓은 사회계층에 긍정적인 영향을 미칠 수 있다.

사회적 자본의 중요성은 그것이 지역의 경제발전, 나아가서는 국가의 경제발전과 밀접히 연결된다는 데 있다. 지역사회 구성원들 간에 다양한 형태로 신뢰관계가 구축되면 갈등이 쉽게 해결될 수 있고, 발전을 위한 합의 도출이 신속하게 이뤄짐으로써 지역사회의 경제발전에 기여할 수 있게 된다. 또한 거시적 수준에서 사회적 응집력이 높아지고 시민의 참여가 증가되면 민주적 거버넌스를 강화시키게 되고(Almond and Verba, 1963;

Knack, 1999에서 재인용). 행정의 효율성과 진실성이 증진되며(Putnam, 1993), 경제정책들의 질을 향상시킬 수 있다(Easterly and Levine, 1997).

신토크빌주의적 접근방식은 제3의 길과 미국의 보수주의적 시각들에서 특히 강조되어졌다. 2000년 미국 대선에서 그리고 2002년 영국 의회선거에서 주요 정당들은〔공화당이든 민주당이든, 노동당이든 토리당(보수당)이든〕 지역사회 정책에서 자발적 결사체의 커다란 역할을 지지하였다(Anheier, 2003).

지역사회의 사회적 자본을 향상시키기 위해 비영리 조직들은 지역사회의 재건과 역량강화 전략들empowerment strategies의 일익을 담당하는 중이다. 지역사회를 조직화community organizing하거나, 지역에 토대를 둔 발전community-based development과, 지역사회에 적합한 서비스 제공community-based service provision은 지역의 역량을 현저히 강화시키는 전략들로 평가받고 있다(Dreier, 1996). 지역사회의 발전이나 혁신을 이끌어 내었던 지역사회 조직들의 예는 무수히 많다. 예를 들어, 마르세이유 지역의 빈민을 위한 조직들이나, 베를린이나 로스앤젤레스의 이웃 향상 계획neighbourhood improvement schemes, 그리고 런던 지역의 사회투자전략에 이르기까지 다양하다(Anheier, 2003).

3-3. 복지국가체제와 제3부문에 대한 정책 방향

앞 절에서 보았던 제3부문의 두 가지 역할, 즉 사회복지서비스 전달 기능이나 시민사회 강화 기능은 복지국가체제의 성격에 따라 어느 한 역할이 강조되기도 하고 소홀히 되기도 하며 혹은 두 역할이 동시에 강조되기도 한다. 안하이어(Anheier, 2003)는 복지국가 체제에 따라 제3부문에 대한 정책 방향이 어떻게 다른가를 다음의 〈표 1〉과 같이 요약하고 있다.

〈표 1〉 제3부문 모델들과 강조(Third Sector Models and Emphasis)

사회서비스 요소의 중요성 (Importance of Social Service Component)	시민사회 요소의 중요성 (Importance of Civil Society Component)	
	낮음	높음
낮음	Statist	Social-Democratic
높음	Corporatist	Liberal

위의 표에서 보면, 복지국가는 네 가지 유형, 즉 국가주의적Statist, 사회민주적Social-Democratic, 조합주의적Corporatist, 자유주의적 복지국가로 나뉜다.

영국과 미국을 대표로 하는 자유주의적 복지국가에서는 제3의 길과 신자유주의 정책노선에 의해 사회서비스의 상업화 경향이 강하게 추진되었으며 또한 지역사회 건설과 사회적 자본을 창출하는 데 있어 제3부문의 역할이 상소되어 왔다. 스웨덴을 대표로 하는 사회민주주의 복지국가에서는 제3부문의 사회서비스 제공 역할이 미미하다. 이들 나라들에서는 사회서비스의 공급, 전달, 규제, 재정 모두에서 공공부문의 압도적 우위를 특징으로 하기 때문에 비영리조직이나 영리조직의 역할은 매우 미미하다. 대신 지방정부가 개인과 사회서비스의 생산과 계획에서 중심적 역할을 담당한다. 반면, 스웨덴은 신뢰 수준이나 자발적 결사체에 가입한 구성원들의 긴밀함과 같은 사회적 자본의 여러 측면들에서 높은 수준을 보여 주고 있다(Rothstein and Stolle, 2003). 스웨덴 국민 대다수가 자발적 결사체에 이미 가입하여 활동하고 있다는 것과, 또한 보편적 복지국가가 출현했다는 것 자체가 높은 수준의 사회적 신뢰와 상부상조에 대한 전통적 규범이 강조되어 왔다는 것을 반증한다. 최근에는 스웨덴의 자발적 결사체들의 조직화 경향과 관련하여 세속화 경향이 진행되고 있어 교회 관련 조직들이 축소되고 대신 문화적, 오락적 행위들이 팽창하고 있는 중이다(Anheier, 2003).

독일을 위시한 대륙 국가들이 포함된 조합주의 국가들에서는 교회에 뿌리를 둔 비영리부문이 크고 강하며, 그러면서도 공공서비스체계에 통합되어 있다. 즉 정부가 재원을 조달하고 비영리부문이 서비스를 제공하고 있다. 이들 국가들에서는 가족 이나 민간 비영리조직의 활동이 우선하며 국가는 이들의 활동이 불충분할 때만 개입하기 때문에 제3부문의 사회서비스적 요소가 강조된다. 반면, 제3부문의 시민사회적 요소는 자유주의국가나 사회민주주의국가에 비해 소홀히 다루어져 왔다.

마지막으로 일본으로 대표되는 국가주의 복지체제에서는 제3부문의 두 요소 중 어느 것도 강조되지 않는다. 이는 국가 주도의 산업화 과정에서 나타났던 국가권력의 높은 집중도, 국가에 대한 시민사회 침투, 제3부문에서의 가용자원 부족과 같은 요인들에 의해 제3부문의 성장자체가 국가에 종속되어 왔다. 이로 인해 제3부문은 사회서비스 제공자로서의 역할이나 시민사회적 요소가 유럽국가들에 비하여 상대적으로 침체되어 왔다. 이와 같은 현상은 한국도 일본과 비슷한 상황이다.

제11장 시민권 논의의 재구성

1. 시민권의 변화

시민권은 크게 지위status로서의 시민권과 실천practice으로서의 시민권으로 구분될 수 있다. 지위로서의 시민권은 시민권을 개인과 국가와의 관계에 관한 권리·의무에 관한 개념으로 파악하며, 실천으로서의 시민권은 시민권을 단순히 권리와 의무의 집합이라는 사법적 정의를 넘어 역사적인 정치적 투쟁의 결과로 바라본다.

근대적 시민권에서 시민의 구성과 권리 및 의무를 결정짓는 방식은 특정집단을 시민권을 부여받지 못하는 이방인으로 만들었다. 이러한 방식은 각 나라들이 지나온 역사적 경로에 따라 다양하다. 이러한 역사적 경로들에 따라 나타나는 시민권을 유형화한 것이 자유주의적, 조합주의적, 사회민주주의적 국가 유형이다. 이들은 제각기 시민권에 대해 서로 다른 해석을 하고 있다.[20] 자유주의, 공동체주의, 공화주의와 같

20 자유주의적 국가에서는 사회적 권리를 분배하는 데 시장에 의존하고 공민권과 정치권들

은 시민권에 관한 현대 정치이론은 이러한 역사적 경로들로부터 성장되었고 복지국가의 이러한 세 유형들과 대체로 부합한다고 할 수 있다. 그러나 이러한 과거의 시민권 이론들은 더 이상 새로운 권리 주장이나 시민권 확장을 주장하는 사회집단들의 요구를 제대로 수용하지 못한다는 게 시민권 연구자들의 주장이다(Isin and Turner, 2002; Bill Jordan, 2001; Condon and Phiiipps, 2004; Lister, 2003; Orloff, 1993).

최근의 시민권 연구자들은 시민권을 단순한 법적 권리로 이해하기보다는 하나의 사회적 과정으로 이해할 것을 주장한다. 즉, 개인들과 사회집단들이 권리들을 주장하고, 확대시키거나 상실하는 사회적 과정으로 이해해야 한다는 것이다. 따라서 정치에 간여한다는 것은 실질적인 시민권을 행사하기 위해 투쟁하는 것을 의미한다.

이와 같이 시민권 개념이 그동안의 형식적 사법적 지위 이상의 새로운 차원을 포섭하도록 만든 것은 경제적 세계화로 인한 초국가적 틀과 공적영역에서의 다양성 · 정체성이다. 경제적 세계화는 국민과 국가 사이의 연대를 희석시키고 전통적 시민권 개념을 약화시키고 있다. 다국적기업과 초국가적 기업 등이 형성되고, 이주노동자 등 노동력의 이동이 가속화되고 있으며, 유럽연합과 같은 초국가연합이 형성되고, 국가간 단일경제권이 활성화됨에 따라 혈통과 영토에 기반한 종래의 시민권 개념으로는 설명할 수 없는 복잡한 상황이 전개되고 있는 것이다.

이제 사회권 또는 사회권을 포괄하는 시민권의 관점은 과거 국민국

을 강조한다. 조합주의국가에서는 사회권에 좀더 많은 역할을 부여하지만 보편적으로 이용되지 못한다. 사회민주주의국가에서는 사회적 권리들을 매우 중요하게 여기며 국가는 고등교육에 대한 권리나 직업 훈련을 무상으로 지원하는 등의 보편적 급여를 제공한다.

가의 영역을 벗어나 전 지구적 또는 전 세계적 영역으로 그 범위를 넓히고 있으며 과거에는 등한시했던 문화, 환경, 인종, 성의 영역으로 관심이 확대되고 있다.

2. 다문화주의와 사회적 시민권

1990년대에 시민권 연구는 하나의 연구 영역으로 등장하였으며, 그 초점은 세계 전역에서 시민권에 대한 새로운 주장들을 가능하게 하는 조건들을 규명하는데 있었다. 새로운 권리에 대한 주장의 배경에는 탈현대화와 세계화가 몰고 온 사회적 변화들, 즉 계급의 재구조화, 새로운 초국가적 연합의 출현, 자본 축적체제의 새로운 형태, 인정recognition과 재분배를 위한 새로운 사회운동과 투쟁이다.

새로운 권리에 대한 요구 중 가장 대표적인 것이 다문화주의이다. 다문화주의 이론에서 강조하는 개념은 차이의 인정, 소수자의 권리, 대화, 통합, 다양성, 친근감, 문화적 다원주의, 그리고 민족이나 문화에 기초한 것이 아닌 정치공동체에 기반한 시민권이다.[21]

지난 몇십 년 동안 서구사회의 주요한 흐름 중 하나는 원주민의 권리, 여성의 권리, 시민의 권리, 게이와 레즈비언들의 성적 권리들로부터 동물의 권리, 언어의 권리와 장애인들의 권리들에 이르기까지 예전에 소외되어 있던 사람들이 사회의 구성원으로 인정해 달라는 주장들

21 다문화적 시각보다 훨씬 더 시민권 개념을 취하기 원하는 학파가 '탈국가(post-nationality)' 모델이며 이들은 출생지나 국적보다 거주지(residence)에 기반한 시민권을 주장한다.

의 등장이다. 자신들의 집단을 사회적으로 인정하고 권리를 갖게 해 달라는 투쟁을 전개하고 있는 것이다.

이민자들, 원주민들, 난민들, 유민들, 환경적 부정의와 노숙자와 같은 주요한 사회적 이슈들이 점차 권리와 의무라는 시민권의 용어를 통해 표현되어졌다. 더욱이 시민들의 권리와 의무들이 재정의 되고 있으며, 시민이 된다는 것이 무엇을 의미하며, 어느 집단이나 개인들이 그러한 권리와 의무를 가질 수 있는지가 주요 이슈로 부상하고 있다. 다시 말해 시민권의 3가지 중요한 축이라고 할 수 있는 시민권의 정도(배제와 포섭의 규칙들과 규범들), 시민권의 내용(권리와 책임들), 시민권의 깊이가 재규정되고 새롭게 형태를 갖춰 가는 것이다(Turner, 2002).

국가에 의해 단순히 부여된 기존의 지위로서의 시민권 개념은 비판되고, 시민권은 인정과 재분배를 목표로 하는 다양한 정치적 사회적 투쟁들을 포함하는 것으로 이해되고 있다. 정체성과 차이에 기초한 다양한 투쟁들(성적, 인종적, 민족적, 유민적, 환경적 투쟁 등등)은 자신들의 주장들을 시민권을 통해 표현하는 새로운 방법들을 발견하였다. 이들이 목표로 하는 시민권은 단순한 법적 지위가 아니라 정치, 사회적으로 인정받는 집단이 되는 것이고, 그러한 인정에 따른 경제적 재분배를 요구하는 것이다.

3. 젠더와 사회적 시민권

국가의 복지 제공은 여성의 물질적 상황에 영향을 미치며, 젠더$_{\text{gender}}$ 관계들을 형성시키고, 정치적 갈등이나 참여를 구조화시킨다. 하지만 그동안 주류 이론들은 대체로 계급, 시민권, 경제에 대한 이론에서 남성중심적이고 시장중심적인 개념을 강조하면서 젠더 차원을 무시하는 경향을 보여 왔다. 올로프Orloff를 대표로 하는 페미니스트들은 다음과 같이 기존의 남성, 시장중심적 복지이론에 비판을 가하고 있다(Orloff, 1993:311-318).

우선 기존의 국가-시장 간 분업 구조에서 중요한 복지서비스 제공자인 여성의 부불노동unpaid labour이 배제되어 있다고 주장하면서, 국가-시장 구조에 가족family을 포함시킬 것을 강조한다. 국가라는 공적 영역과 시장이라는 사적 영역의 존재와 역할만 인정되고 가정에서의 여성에 의한 복지재화와 서비스 제공이 무시되고 있다는 것이다.

둘째, 계층화stratification 차원에서도 부불가사노동이나 가사와 파트타임 노동의 병행보다는 남성의 전일제 임노동을 중시한다고 비판하고, 젠더가 포함된 계층화로 대체할 것을 주장한다. 복지 혜택을 받을 때 남성의 경우 임노동에 기초하지만 여성의 경우에는 배우자 남성의 역할에 기초해 있어 가족 내 계층화(성적 차별)가 형성된다는 것이다. 권력자원power resources theory 이론도 계급 격차class hierarchy에 대해서만 초점을 맞출 뿐 젠더 격차에 대해선 무관심하였다는 것이 이들의 주장이다.

셋째, 탈상품화de-commodification 차원 역시 보살핌노동과 가사노동을 여성에게만 부담하도록 하는 성 차별적 분업을 묵인하고, 노동을 탈상품화시키는 급여benefit가 남자와 여자에 각각 다르게 영향을 주고 있음을 무시하고 있다고 비판한다.

페미니스트들이 지적하는 에스핑 앤더슨 분석 틀의 중요한 문제점은 가정 내에서의 불균등한 가사 분담을 고려치 않았다는 것이다. 마치 국가가 가사노동을 지원하는 경우 여성이 임노동과 가사노동을 선택할 수 있다고 생각하지만, 스웨덴을 위시하여 모든 산업국가들에서 여성들이 현실적으로 선택할 수 있는 것은 가정주부로 남는 것과 임노동과 가사노동을 병행하는 것 중 하나이다. 결국 여성들은 임노동 여부와 상관없이 육아, 부양, 잡다한 가사일 등 대부분의 가사노동을 부담하고 있으며, 이로 인해 지배적인 고용 형태는 파트타임이 대부분이다.

페미니스트들은 기본적으로 남성과 여성에 있어 시민권적 권리는 다르며, 그 이유는 성과 젠더의 정체성이 공적생활과 시민권 행사에 근본적으로 영향을 미치기 때문이라고 한다.[22] 주지하다시피 사회복지를 제공하는 데 있어 국가와 시장 간의 분업 관계를 결정하는 것은 정치적 문제이다. 즉 어떤 의사 결정 규칙들이 적용되고 어느 행위자가 가치 있는 자원들의 분배를 통제하는가에 대한 문제인 것이다. 가정 내에서도 마찬가지로 남자들의 권력이 어느 정도 인정되는가에 따라 여성의 의존성 정도가 결정된다. 자본가가 시장에서, 노동자가 정치에서 권력자원을 가지듯이 남자들은 젠더 역할에서 권력자원을 가지고 있는 것이다.

페미니스트들은 남성의 권력이 가사 및 보살핌노동에 대한 통제와 여성의 몸에 대한 남성의 통제로부터 나온다고 보며, 보살핌노동이나

22 따라서 여성의 시민권에서 중요한 것은 성(sexuality), 출산(reproduction), 신체(phsical body)이라고 할 수 있다. 자신의 신체를 통제할 수 있는 권리, 성적 행위에 대한 동의, 임신과 출산에 대한 통제는 남성에게는 문제가 되지 않지만 여성에게는 논란이 많은 이슈라는 것이다(Orloff, Ann Shola, 1993). 여성이 가정이라는 사적 영역에 종속되었다는 것과 강간 및 성희롱에 대한 두려움 등 가족, 직장, 공공영역에서 여성의 몸에 대한 통제에 기초한 지배 관계들은 독립적인 개인, 시민으로서 참여할 수 있는 여성의 능력을 제한한다.

가사노동을 가정과 국가가 분담하는 형태로 발전하기 위해서는 이러한 가정 내에서의 권력 불균형부터 시정되어야 한다고 주장한다. 이러한 해결을 위해서는 우선 여성의 노동시장에 대한 접근성이 보장되어야 한다. 임노동을 통해서 여성은 독립성과 결혼관계나 가정 내에서의 여성 위치를 강화시킬 수 있기 때문이다. 다음으로 소득 보장의 수준은 남편의 수입 없이도 자신만의 소득에 의해 독립적인 가구를 형성할 수 있을 정도이어야 한다. 따라서 파트타임이나 저소득 일자리에 의한 참여만으로는 부족하다. 만일 노동시장에 참여하지 못할 경우에는 국가로부터 부불노동에 대한 충분한 지원이 이루어져야 한다(Orloff, 1993). 노동자를 자본주의 시장으로부터 해방시키는 사회권의 존재와 마찬가지로 여성을 가정으로부터 해방시키는 사회권이 필요하다는 점에서 여성의 사회권은 탈상품화와 탈가정화로 요약될 수 있다.

4. 경제적 시민권과 복지장치

그동안 다문화주의, 젠더와 시민권은 사회적 차원이나 복지국가와 관련된 이슈로서 인식되어 왔지만 최근에 와서는 경제와 연결시켜 시장에서 복지를 창출하려는 움직임이 일고 있다. 마샬Marshall의 사회권이 사회에서 의미 있는 참여를 가능케 하는 최소한의 경제적 안전에 대한 권리라면 경제적 시민권 이론은 시장을 민주적인 통제하에 둠으로써 공정한 거래, 절차적 투명성, 기업행동의 변화, 시장에서의 복지확립의 가능성을 모색한다. 경제적 시민권은 사적 시장에 존재하는 공적 측면을 의미하는 것이며, 이는 경제적 선택과 자유에 정치가 개입하지 않아야 한다는 자유주의적 사상의 기본 전제에 도전하는 것이다(Bowles and Gintis, 1986: 16-17; Hutchinson, 1990). 때문에 시민의 역할에 대해서도 개인들을 기업인, 소비자, 투자자로서 그들의 개별적 선택을 통해 시장을 이용하고 형성시키는 것으로 재정의한다(Schumacher and Hutchinson, 2003). 그리고 이러한 경제적 시민권을 뒷받침하기 위해 법이 어떤 역할을 할 것인가를 고민하며, 시장관계를 민주적 통제하에 두기 위해 필요한 법률적 개입의 유형과 강도를 검토한다.[23]

이제 노동시장 접근은 다른 시장들, 즉 자본시장, 소비시장, 증권시장 등과 연관되어 있으며 국제적 거래와 투자협정은 해당 국가의 국민들의 민주적 선택을 통해 투자자들의 재산권이 보장되어야 한다. 한마디로 말해서 경제적 시민권은 국가가 사회적 시민권을 제대로 보장해 주지 못하는 상황에서 사회적 시민권을 시장에서 보장하는 방식이다. 실타넨Siltanen이 지적하듯 사회권은 시장 밖의 문제가 아니라 시장 내부의 문제로 인식할 필요가 있으며, 인간다운 삶에 대한 요구를 국가에게만 주장할 것이 아니라 고용주, 은행, 보험회사, 소매점, 서비스 제공자, 이웃 등에 대해서 주장할 수 있어야 한다(Siltanen, 2002: 407). 예를 들면 기업연금 운용방식의 투명성 제고에서부터 엘슨Elson이 말하는 연금자산의 책임 있는 방식으로의 운용을 통한 '시장의 사회화'에 이르기까지 다양하게 시행될 수 있다(Blackburn, 2002: 524). 블랙번은 노

23 경제적 시민권의 콘텐츠는 크게 4가지로 요약해 볼 수 있다. 그것은 경제적 자유 혹은 시장에 대한 접근, 경제적 안전, 경제적 시민권의 책임, 경제적 정책결정 참여이다(Condon, Mary and Lisa Philipps, 2004).

동자와 시민들이 집단적으로 자본주의제도를 직접 운영할뿐만 아니라 새로운 관리와 투자의 질서rule하에 복속시켜야 한다고까지 주장한다(Blackburn, 2002: 526).

경제적 시민권은 시장을 강조한다는 점에서 신자유주의 담론과 유사하지만 신자유주의가 권리보다는 의무를 강조하는 데 반해 경제적 시민권은 누가 시민인가에 대한 관념을 확장하여 기업의 사회에 대한 의무를 강조한다는 점에서 다르다. 화이트White는 "기업은 집합적 시민이다. 기업은 주주에 대해 봉사할 뿐 아니라, 사채업자와 다른 종류의 채권자, 직원과 미래의 직원, 공급업자와 소비자에게 봉사한다. 돈을 버는 것뿐 아니라 의미 있는 경제적 사회적 행위를 가능하게 하는 조건을 유지하는 목적을 가진다. 이러한 목적은 기업을 위한 것일 뿐 아니라 다른 사람들을 위한 것이다"라고 하였다(White, 1984: 1418).[24]

이를 위한 구체적인 방식으로는 기업의 의사결정이 투명하도록 국가가 규제한다든지, 투자자에게 기업의 활동, 전망, 위험 등에 대해 구체적으로 정보를 공개하는 것뿐 아니라 기업의 사회적 환경적 정책에 대한 정보도 공개할 것을 요구한다. 경제적 시민권에서 경제적 지배에 참여하는 접근법은 시장 선택의 정치화market choice as the new politics, 즉 시장에 대한 압력을 통해 의사결정에 영향을 미치는 것이다. 중산층 투자자들이 수익을 올리기 위해 기업에게 투명한 공개 정보를 요구하거나 보다 진보적인 형태로 소비자와 투자자들이 특정 기업에 대한 시장압력을 행

24 화이트의 주장에 따르면, 1970년대 유행했던 기업의 사회적 책임(CSR)이란 개념에서 기업의 시민권 사상으로의 변화가 있었다. 기업의 사회적 책임이 기업행동의 규제 차원에서 강요된 것이라면, 기업의 시민권은 경제 행위자들의 자발적인 시도를 강조한다는 점에서 낡은 CSR의 단순한 대체물이 아니다(whitehouse, 2003, condon and philipps, 2004:19).

사하여 공정하지 못한 기업 거래를 좌절시키는 것이다. 이외에도 소비자보이콧, 공정거래Fair Trade운동 등이 가능하다(OXFAM, 2002). 다만 이러한 전략들은 특별한 경우에 기업의 행동을 변화시키는 데 효과적이지만, 경제적 권력을 민주적 통제하에 두기 위한 가능성은 분명하지 않다. 왜냐하면 이러한 방식은 참가자들 간 조정의 어려움이 있을 뿐 아니라, 세계 곳곳에서 벌어지는 기업의 잘못된 행동을 시민들에게 충분히 알리기가 쉽지 않기 때문이다. 또한 이러한 형태의 접근은 어느 정도의 자원을 갖고 있는 발전 국가의 중산층에게만 가능하기 때문에 기업 행동 변화의 가능성도 역시 제한될 수밖에 없다(Wheeler, 1998: 7-8).

그럼에도 불구하고 국가 간 그리고 시민사회 집단 간 다차원적인 네트워크나 협력을 통해 국내 기업의 통제뿐 아니라 다국적 기업의 통제, 나아가서는 세계경제를 민주적 통제에 두기 위한 정치적 행동의 움직임은 활발하다.

참고문헌

I. 사회변동과 새로운 사회적 위험들

제1장 세계화

송호근 편. 2001. 《세계화와 복지국가》. 나남출판.

임혁백. 1994. 《세계화와 민주주의》. 계간사상.

Axtmann, Roland. 1997. *Globalization and Europe: Theoretical and Empirical Investigation*. Pinter Publishers Ltd.

Haque, ul Irfan. 2004. "Globalization, Neoliberalism and Labour", UN. Conference on Trade and Development.

Held, David and Anthony McGrew(ed), 2003. *The Global Transformations Reader*. UK: Polity Press.

Przeworski, Adam. 1991. *Democracy and the Market; Political and Economic Reforms in Eastern Europe and Latin America*. New York: Cambridge University Press.

Scharpf, Fritz W. 2000. "Globalization and the Welfare State: Constraints, Challenges and Vulnerabilities", The Year 2000 International Research Conference on Social Security Helsinki, 25-27. September 2000.

Scharpf, Fritz W. 2003. "Globalization and the Political Economy of Capitalist Democracies". David Held and Anthony McGrew(ed), *The Global Transformations*

Reader. UK: Polity Press.

제2장 탈산업화

한국노동연구원. 2005. KLI 노동통계.

Bell, Daniel. 1973. *The coming of post-industrial society*. New York: Basic Books, Inc., Publishers.

Iversen, T. & Wren, A. 1998. "Equality, employment and budgetary restraint: The trilemma of the service economy", *World Politics*, 50, pp. 507-546.

OECD. 2000. "Employment in the Service Economy: A Reassessment" ch.3. Paris: Employment Outlook.

OECD. 2005. "Growth in Services: fostering employment, productivity and innovation", Meeting of the OECD Council at Ministerial Level.

Pilat, Dirk., Agnèes Cimper, Karsten Olsen and Colin Webb. 2006. "The Changing nature of manufacturing in OECD Economies", OECD, Working Paper 2006/9.

Taylor-Gooby, Peter (ed.). 2004. *New Risks, New Welfare: The Transformation of the European Welfare State*. Oxford: Oxford University Press.

제3장 인구변화

통계청. 2006. 고령자통계.

AARP. 2003. "Global Aging: Achieving Its Potential".

Burniaux, Jean-Marc, Romaini Duval, Florence Jaumotte. 2004. "Coping with ageing: a dynamic approach to quantify the impact of alternative policy options on future labour supply in OECD countries", Economics department working papers No.371, OECD.

Fotakis, Constantinos. 2003. "Demographic ageing, migration and the challenge for labour market and pensions", The Economic and Social Aspects of Migration, Conference jointly organized by The European Commission and the OECD, Brussels, 21~22 January 2003, OECD.

IMF. 2004. World Economic Outlook.

OECD. 1998. "Work Force Ageing: Consequdence and Policy Response" Ch.4. Paris: Employment Outlook.

OECD. 2004. *OECD Focus*, vol. September, 2004.

OECD. 2006 . Health Data.

Pierson, Paul. 2001. "Post-Industrial Pressures on the Mature Welfare States", *The New Politics of the Welfare State*, Oxford: Oxford University Press. pp.93~94.

UN. 2002. World Population Prospects.

U.S. Department of Health and Human Services. 1997. "Active Aging: A Shift in the Paradigm".

제4장 가족변화

김안나. 2006.〈한국사회 여성빈곤과 빈곤대책〉,《보건사회연구》, 26권(1), pp.37-68.

박세경. 2005.〈구조적 측면의 다양한 가족실태와 사회적 지원방안〉,《보건복지포럼》, 통권 제103호, pp.73-88.

Adema, Willem, Janet C. Gornick and Peter Whiteford. 2004. "Family Policy and the Restructuring of the Welfare State: A Comparative Analysis of OECD Countries", ESPAnet 2004 conference. http://www. spsw.ox.ac.uk/fileadmin/static.

Bonoli, G. 2004. "The Politics of New Social Risk and Policies: Mapping Diversity and Accounting for Cross-National Variation in Post Industrial Welfare States", Paper Prepared for Presentation at the International Sociological Association, RC 19 Meeting in Paris, 2-4.

Bonoli, G. 2003. "The Politics of New Social Risk Coverage", Bern/Lugano: New Social Risk Conference. September, 2003.

Esping-Andersen, G. 1990. *The Three Worlds of Welfare Capitalism*. Princeton: Princeton University Press.

Esping-Andersen, G. 1999. *Social Foundations of Postindustrial Economies*. Oxford: Oxford University Press.

ILO(International Labour Office), Yearbook of Labour Statistics, Geneva: International Labour Office. 1990, 1993, 1997.

O' Connor, Julia S. 1996. "From Women in the Welfare State to Gendering Welfare State Regimes", *Current Sociology*, 44(2): pp. 1-124.

Orloff, Ann Shola. 1993. "Gender and Social Right of Citizenship: The Comparative Analysis of Gender Relations and Welfare States", *American Sociological Review*, 58: 303-28.

Pierson, Paul. 2001. "Coping with Permanent Austerity: Welfare State Restructuring in Affluent Democracies," in Paul Pierson (ed.), *The New Politics of the Welfare State*. Oxford: Oxford University Press. pp.410-456.

Sainsbury, Dine(ed.). 1994. *Gendering Welfare States*. London: Sage Publication.

Taylor-Gooby, P. (ed). 2004. *New risks, new welfare*. Oxford: Oxford University Press.

Taylor-Gooby, P., Hartley Dean, Morira Munro and Gillian Parker. 1999. "Risk and Welfare State", *British Journal of Sociology*, 50(2). pp.177-194.

제5장 가치관 변화

Achterberg, Peter. 2006. "Class Voting in the New Political Culture: Economic, Cultural and Environmental Voting in Twenty Western Countries", *International Sociology*, Vol. 21, No. 2, pp.237-261.

Erickson, Lynda and J. Scott Matthews. 2003. "The Mass Politics of Social Citizenship". www.cpsa-acsp.ca/paper-2003/erickson.pdf.

Franklin, Adrian, Bruce Tranter and Robert White. 2001. "Explaining Support for Animal Rights: A Comparison of Two Recent Approaches to Humans, Nonhuman Animals, and Postmodernity", *Society Animals*, vol. 9, no. 2.

Hvinden, Bjorn and Rune Halvorsen. 2001. "Emerging Notions of Active Citizenship in Europe". www.shakti.uniurb.it/Eurex/esa/PDF/ESA_Hvinden.pdf.

Isin, E. F. and Bryan S. Turner. 2002. "Citizenship Studies: an introduction", in Isin, E. F. and Bryan S. Turner(eds). *Handbook of citizenship studies.* London: Sage Publications, pp.1-10.

Johansson, Håkan and Bjørn Hvinden. 2006. "Opening Citizenship in European Welfare States: A Framework for Capturing the emergent dynamics of Social Citizenship".

Morgan, Peter F. 1997. "Contested Native Forests: A Theoretical and Empirical Study". Ph.D. Dissertation.

Rimac, Ivan and Aleksander Stulhofer. 2004. "Socio-Cultural Values, Economic Development and Political Stability As Correlates of Trust in the European Union". http://ideas.repec.org/h/ipf/chaptr/2-12.html.

II. 사회변동과 사회복지정책에 있어서의 이슈들

제6장　근로빈곤층에 대한 지원

Acs, Gregory, Katherin Ross Phillips and Daniel McKenzie. 2000. "Playing By The Rules But Losing The Game: America's Working Poor", The Urban Institute. http://www.urban.org/workingpoor/playingtherules.html.

Bonoli, Giuliano. 2005. "Time Matters: Postindustrialisation, New Social Risks and Welfare State Adaptation in Advanced Industrial Democracies", http://www.gov.ch/idheap.nsf/de965327a3df81f1c1256a080033a9fe/919ab0f519fc05c9c12570ac00352e01?OpenDocument.

Booth, A., Francesconi, M. and Frank J. 2000. "Temporary jobs: stepping stones or dead ends?", IZA Discussion Paper No. 205, Http://www.iza.org.

Cahuc, P. 2001. "La prime pour l'emploi à la lumière des expériences étrangères", Paris, CREST - Université Paris 1 - Centre d'observation économique, Documents de travail, n° 56, December 2001.

Desmarez, P. 2000. "New employment forms and social exclusion", UWwCLUS workshop, Brussels, 2000. http://www.nuff.ox.ac.uk/projects/uwwclus/papers/restrict/Desmarez.pdf.

Duncan, Alan. 2003. "'Making Work Pay' Policies and Employment Incentives", Prepared for the CESIfo Conference on "Tax Policy and the Lour Market", http://portal.ifo.de/link/lecture-duncan-2003.pdf.

Employment & Social Affairs, European Commission. 2004. "Report of the High Level Group on The Future of Social Policy in an Enlarged European Union", http://ec.europa.eu/employment_social/news/2004/jun/hlg_social_elarg_en.pdf.

European Commission. 2002. "Social Situation in the European Union 2002", Luxembourg, Office for Official Publications of the European Communities.

European Commission/OECD. 2003. "Indicators of unemployment and low-wage traps (marginal effective tax rates on labour)". Working papers of DG ECFIN n°197.

Gallie, D. 2002. "The quality of working life in welfare strategy" in Esping-Andersen, G. (ed.), *Why we need a new welfare state*, Oxford: Oxford University Press.

Goudswaard, A. and Andries, F. 2002. "European Foundation for the Improvement of Living and Working Conditions", Employment status and working conditions, Luxembourg, Office for Official Publications of the European Communities.

Jansson, K. 1998. "Sweden 1995: Survey information". Based on robustness assessment report on income distribution data for Sweden, Örebro, Statistics Sweden, 1998. http://www.lisproject.org/techdoc/sw/sw95survey.pdf.

Kim, Marlene. 1999. "Problems Facing the Working Poor", Paper presented at an Economic Policy Institute symposium on June 15, 1999.

Marlier, E. and Ponthieux, S. 2000. "Low-wage employees in EU countries", Eurostat, Statistics in focus: Population and social conditions, Luxembourg, Office for Official Publications of the European Communities.

Marx, I. and Verbist, G. 1998. "Low-paid Work and Poverty: A Cross-country Perspective" in S. Bazen, Gregory, M. and Salverda, W. Cheltenham, Edward Elgar(eds.), *Low-wage employment in Europe*. Edward Elgar Publishing.

OECD. 1997. "Labour market policies: new challenges". Policies for low-paid workers and unskilled jobseekers, Meeting of the Employment, Labour and Social Affairs Committee at Ministerial Level, Château de la Muette, Paris.

Peña-Casas,Ramón and Mia Latta. 2004. "Working Poor in the European Union". http://www.eurofound.eu.int/publications/files/EF0467EN.pdf.

Saunders, Ron. 2006. "Risk and Opportunity: Creating Options for Vulnerable Workers". http://www.cprn.com/documents/41162_en.pdf.

Storrie, D. 2002. "European Foundation for the Improvement of Living and Working Conditions", Temporary agency work in the European Union, Dublin, Luxembourg, Office for Official Publications of the European Communities, 2002.

Strengmann-Kuhn, W. 2002. "Working poor in Europe: A partial basic income for workers?" Basic Income European Network 9th International Congress, Geneva, University of Frankfurt, 2002.

법제처. 2007. '장애인차별금지 및 권리구제 등에 관한 법률'(법률 제8341호).

European Commission. 2005. "Disability mainstreaming in the European Employment Strategy", Employment, Social Affairs and Equal Opportunities DG.

Oliver, Michael. 1996. *Understanding Disability: From Theory to Practice*. London: Macmillan.

Oliver, Mike. 1990. "The individual and social models of disability", Paper presented at Joint Workshop of the Living Options Group and the Research Unit of the Royal College of Physicians. http://www.leeds.ac.uk/disability-studies/archiveuk/Oliver/in%20soc%20dis.pdf

MAINSTREAMING DISABILITY WITHIN EU EMPLOYMENT AND SOCIAL POLICY A DG V services working paper. http://ec.europa.eu/employment_social/soc-prot/disable/dresden/workpaper_en.pdf

Degener, Theresia and Gerard Quinn. 2000. "A Survey of International Comparative and Regional Disability Law Reform", An International Disability Law and Policy Symposium October 22-26.

Punani, Bhushan & Niki Maniam. 2005. "Mainstreaming Disability in Development", Final Report of the E-FORUM discussion for Round Table-Ⅱ as on March 30, 2005, as part of the Disability Knowledge and Research(KaR) Programme.

Scotch, R.K. 1989. "Politics and Policy in the History of the Disability Rights Movement", *Milbank quarterly*. 67, Supp. 2, Pt. 2 380-400.

Metts, Robert L. 2000. "Disability Issues, Trends and Recommendations for the World Bank", The World Bank

제8장 은퇴소득체계의 재구성

국민연금연구센터. 2000.《공적연금 유형의 국제비교》(I). 국민연금관리공단.

국민연금연구원. 2006.《주요 복지국가의 다층노후소득보장체계의 변화와 우리나라의 공·사 연금제도 발전방안》. 국민연금관리공단.

양재진. 2003.〈연금개혁의 '제3의 길' 스웨덴 명목확정기여방식 연금개혁과 한국에의 도입 필요성〉,《행정논총》, 40권 2호.

Börsch-Supan, Axel and Anette Reil-Held. 1998. "Retirement Income: Level, Risk, and Substitution among Income Components". OECD Working Paper AWP 3.7.

Turner, John. 1998. "Retirement Income Systems for Different Economic, Demographical and Political Environments". OECD Working Paper AWP 3.8.

Holzmann, Robert and Richard Hinz. 2005. "Old-Age Income Support in the Twenty-first Century: An International Perspective on Pension Systems and Reform". Introduction and Executive Summary, Chapter 2, Chapter 6. http://munhanna.org/worldbank.pdf.

Palme, Joakim. 2005. "Features of the Swedish Pension Reform", *The Japanese Journal of Social Security Policy*, 4:1. pp.42-53.

Palmer, Edward. 2000. "The Swedish Pension Reform Model: Framework and Issues". World Bank Pension Reform Primer Series. http://www.worldbank.org/pensions.

Palmer, E and Wadensjö, E. 2003. "Public Reform and Contractual Agreements in Sweden-From Defined Benefit to Defined Contribution". http://www.ewts.at/imperia/md/content/ewts/pension_sweden.pdf.

제9장 여성의 일·가족 양립정책

Crompton, Rosemary. 2005. "The Gender Essentialism - domestic and family 'choices' and their relation to attitudes", *The British Journal of Sociology*, Vol.56 Issue 4.

Crompton, Rosemary, Suzan Lewis & Clare Lyonette(eds.). 2007. *Women, Men, Work and Family in Europe*. Palgrave Macmillan.

Larsen, Trine P., Peter Taylor-Gooby & Johannes Kananen. 2004. "The Myth of a Dual-earner Society – New Policy Discourses in European Welfare States", Paper presented at 'Welfare Reform and Management of Societal Change'(WRAMSOC) Conference, 23-24 April, Berlin.

OECD. 1999. *A Caring World: The New Social Policy Agenda*.

OECD. 2002. *Babies and Bosses : Reconciling Work and Family Life*, Volume 1: Australia, Denmark and the Netherlands, Paris.

OECD. 2003. *Babies and Bosses : Reconciling Work and Family Life*, Volume 2: Austria, Ireland and Japan, Paris.

OECD. 2004. *Babies and Bosses : Reconciling Work and Family Life*, Volume 3: New Zealand, Portugal and Switzerland, Pairs.

OECD. 2005. *Babies and Bosses : Reconciling Work and Family Life*, Volume 4: Canada, Finland, Sweden, and the United Kingdom, Paris.

Orloff, Ann Shola. 2004. "Farewell to Maternalism? State Policies and Mothers' Employment", Presented at 2004 meetings of Research Committee 19 Paris, September 2-5.

Orloff, Ann Shola. 2006. "6. From Maternalism to 'Employment for All': State Policies to Promote Women's Employment across the Affluent Democracies", Levy, Jonah D. *The state after statism: new state activities in the age of liberalization*, Harvard University Press, pp.230-268.

Sainsbury, Diane. 1996. *Gender, Equality and Welfare States*, Cambridge: Cambridge University Press.

Schmidt, V., 2002. *The Futures of European Capitalism*, Oxford: Oxford University Press.

U.S. Department of Labor. 1999. "3. Work and Family", *FUTUREWORK–*Trends and Challenges for Work in the 21st Century, The United States Department of Labor, pp. 28-39.

Williams, Joan. 2000. *Unbending Gender: Why family and work conflict and What to do about it*, Oxford University Press.

제10장 제3부문의 발전과 정책 방향

김준기. 2000. 〈비영리부문의 성장과 정부와의 관계에 관한 연구〉. http://www.kapa21.or.kr/down/2000/세미나/김준기.hwp.

이종렬. 2001. 〈지방정부와 혁신〉. http://www.tiss.re.kr/divpower9/divpower1.html.

정경희, 이현주, 박세경, 김영순, 최은영, 이윤경, 최현수, 방효정. 2006. 《한국의 사회서비스 쟁점 및 발전 전략》. 한국 보건사회연구원 연구보고서 2006-18.

Almond, Gabriel A. and Sidney Verba. 1963. *The Civic Culture: Political Attitudes and Democracy in Five Nations*. Princeton University Press.

Anheier, Helmut. 2003. "The Third Sector: Comparative Perspectives and Policy Reflections", Paper for Conference on Solidarity, Berlin.

Bidet, Eric. 2002. "Explaining the Third Sector in South Korea", *Voluntas*, Vol. 13, No. 2

Dreier, Peter. 1996. "Community Empowerment Strategies: The Limits and Potential of Community Organizing in Urban Neighborhoods", *Cityscape*, Vol.2, No. 2 (May).

Eikenberry, Angela and J. Drapal Kluver. 2004. "The Marketization of the Nonprofit Sector: Civil Society at Risk?", *Public Administration Review*, Vol. 64, No. 2.

Easterly, William and Ross Levine. 1997. "Africa's Growth Tragedy: Policies and Ethnic Divisions". *Quarterly Journal of Economics*, Vol. 112, No. 4.

Knack, Stephen. 1999. "Social Capital, Growth and Poverty: A Survey of Cross Country Evidence". Social Capital Initiative Working Paper No. 7. http://web.worldbank.org/

WBSITE/EXTERNAL/TOPICS/EXTSOCIALDEVELOPMENT/0,,contentMDK:20502531~pagePK:148956~piPK:216618~theSitePK:244363,00.html.

Moulaert, Frank and Oana Ailenei. 2005. "Social Economy, Third Sector and Solidarity Relations: A Conceptual Synthesis From History to Present". *Urban Studies*, Vol. 42, No. 11, pp. 2037–2053, October.

Munday, Brian. 2003. "European Social Services: A Map of Characteristics and Trends", Counsil of Europe. http://www.coe.int/t/dg3/socialpolicies/socialrights/source/SocServEumap_en.doc.

Putnam, Robert D. 1993. *Making Democracy Work: Civic Traditions in Modern Italy*. Princeton: Princeton University Press.

Rothstein, Bo and Dietlind Stolle. 2003. "Introduction: Social Capital in Scandinavia", *Scandinavian Political Studies*, Vol. 26, Issue 1, pp. 1-26.

Salamon, Lester and Helmut K. Anheier. 1998. "Social Origins of Civil Society: Explaining the Nonprofit Sector Cross-Nationally". *Voluntas: International Journal of Voluntary and Nonprofit Organizations*, Vol. 9, No. 3.

Salamon, L. M., H. K. Anheier and Associates 1999. *The Emerging Sector Revisited: A Summary-Revised Estimates*. Baltimore, MD: Johns Hopkins University, Institute for Policy Studies, Center for Civil Society Studies.

Zimmer, Annette and Matthias Freise. 2005. "Bringing Society Back In: Civil Society, Social Capital, and Third Sector". http://nez.uni-muenster.de/download/CONnEX_22.feb.pdf.

제11장 시민권 논의의 재구성

브라이언 터너. 1997. 서용석 역.《시민권과 자본주의》. 일신사.

Blackburn, Robin. 2002. *Banking on Death: or investing in life: the history and future of pensions*. Verso Books.

Bowles, Samuel and Herbert Gintis. 1986. *Democracy and Capitalism*. Basic Books.

Condon, Mary and Lisa Philipps. 2004. "Connecting Economy, Gender and Citizenship", Research Paper Submitted to the Law Commission of Canada October 15. Part I, Ii.

Isin, Engine F. and Bryan S. Turner. 2002. *Handbook of Citizenship Studies*: An Introduction. Llondon: Sage Publications Ltd.

Jordan, Bill. 2001. "Citizenship and the New Politics of Welfare". http://www.socsci.auc.dk/cost /unemployment/Ljubljanajune2001/jordan.pdf.

Lister, Ruth. 2003. "Investing in the Citizen-workers of the future: Transformations in Citizenship and the State under New Labour", *Social policy & Administration*, Vol. 37(5). pp.427-443.

Marshall, T. H. 1950. *Citizenship and Social Class*. University of Cambridge Press.

Marshall, T. H. 1981. *The Right to Welfare and Other Essays*. The Free Press.

Orloff, Ann Shola. 1993. "Gender and the Social Rights of Citizenship: The Comparative Analysis of Gender Relations and Welfare States", *American Sociological Review*, Vol. 58(3). pp. 303-328.

Soysal, Yasemin Nuhoglu. 1994. *Limits of Citizenship: Migrants and Post national Membership in Europe*, University of Chicago Press.

Siltanen, Janet. 2002. "Paradise Paved? Reflections on the Fate of Social Citizenship in Canada", *Citizenship Studies*, Vol. 6(4).

Turner, Bryan S. 2001. "The Erosion of Citizenship". *British Journal of Sociology*, Vol. 52(2) pp. 189-209.

White, J.B. 1985. "How Should We Talk about Corporations? The Languages of Economics and of Citizenship", *Yale Law journal*, Vol. 94(6). pp. 1416-1425.

Whitehouse, L. 2003. "Corporate Social Responsibility, Corporate Citizenship and the Global Compact: A New Approach to Regulating Corporate Social Power", *Global Social Policy*, Vol. 3(3). 299.

White, Stuart. 2000. "Review Article: Social Rights and the Social Contract- Political Theory and the New Welfare Politics", *British Journal of Political Studies*, Vol. 30. pp. 507-532.

White, Stuart. 2003. *The Civic Minimum*. Oxford Scholarship Online Monographs. Chapter 1. "Introduction: The Politics of Economic Citizenship", 1-23.

찾아보기

사회변동과 사회복지정책

초판발행 2008년 9월 25일
초판 1쇄 2008년 9월 25일
지은이 서용석·은민수·이동우
펴낸곳 고려대학교출판부
www.kupress.com
kupress@korea.ac.kr
136-701 서울특별시 성북구 안암동
02-3290-4230, 4232
Fax 923-6311
찍은곳 (주)이환D&B

ISBN 978-89-7641-670-4 93330

값 9,000원

* 잘못 만들어진 책은 바꿔드립니다.